コンプリメントで
不登校は治り、
子育ての悩みは解決する

子どもの心を育て
自信の水で満たす、
愛情と承認の言葉がけ

前瀬戸内短期大学准教授
前香川大学教育学部附属
坂出学園スクールカウンセラー
森田 直樹

本書は、『不登校は1日3分の働きかけで99％解決する』（リーブル出版・二〇二一年）をベースにしています。

そちらを先に読んでいただければ、本書の内容が分かりやすくなります。逆でも大丈夫です。

プロローグ

「お母さんうれしい」が言えなくて

勉強を教えてくれるところはたくさんある。しかし、子育てを教えてくれるところはない。これまで親に育てられたとおりのことを子どもにしてきた。私の親もコンプリメントをかけられたことはなかった。きっと、私の親もコンプリメントをかけられたことがなかったのだろう。子に対して愛情をもっていても、それをどのようにして伝えていけばよいのか分からなかった。愛情は自然と伝わるものと思っていた。子どもが自信の水不足になっていることにも気付かなかった。今思えば子どもは自信の水不足のサインを出していたのだ。それに気付かなかった。コンプリメントトレーニングを受けて、子育てとは何かに気付いた。子育ては、子どもの心を自信の水で満たしてあげることなのだ。

子どもにかけるコンプリメントの一言一言が、子どもの自信の水の一滴一滴となる。それが分かっていながら、「お母さんうれしい」の、その一言が口から出ないのだ。喉まで「お母さんうれしい」の言葉がきているが、言葉にならない。子どもの悪いことはいくらでも出てくるのに、このたった一言が出ない。何度も何度も「お母さんうれしい」と口にしたが、喉で止まってしまう。泣き叫ぶ幼い我が子に、「あなたが私のところに生まれてきてくれて、お母さんうれしい」と言いたい。自信の水を入れてあげたい。

私も「お母さんうれしい」と声をかけられた記憶がないのだ。喉のところで止まっている「お母さんうれしい」を、子どもにかけたい。何度試しても出ないのだ。子どもの顔を見ると、喉のところで止まってしまう。本当に悲しかった。私は母親なのだ。それなのに、たった一言「お母さんうれしい」が出ない。

紙に書いて何度も読む練習をした。そして、心を込めて読んでみた。私の口から、「お母さんうれしい」と声が出た。子どもの目を見つめて、お母さんうれしいと言えたのだ。その時の子どもの笑顔を一生忘れることはできない。子どもは、一瞬とまどい、そしてゆっくりと口元が緩んだ。お母さんうれしいと言いながらハグできたのだ。

この子が子育てをする時は、「お母さんうれしい」とすんなりと口から出てくるだろう。子どもに自信の水を入れてあげられる家庭をつくっていける。やっと母親になれそうだ。

（これは、コンプリメントトレーニング中の幼稚園児のお母さんからの相談メールの一部です）

前著『不登校は1日3分の働きかけで99％解決する』は、子どもの心を自信の水で満たすと再登校するという内容です。自信の水不足が不登校に大きく関わっていることを実証研究しています。

この研究をもとにして、この本をまとめるまでの五年間、様々な身体症状を抱えた子どもの心を、自信の水で満たすコンプリメントの効果について実証研究をしてきました。年齢は０歳児から二十八歳までの九百人に近い子どもたちです。

たくさんの子どもたちへの実証研究から分かったことは、自信の水は、心の栄養だということです。そして、この自信の水不足は、心の栄養不足となります。この心の栄養不足が、子どもたちにチックや頻尿・夜尿症・皮膚炎・パニック・ぜんそく・起立性調節障害・不登校のような症状、オンラインゲームやスマホ等電子機器への依存、いじめ・暴力のような反社会的な言動等の様々な身体症状を引き起こすのです。また、自信の水不足の子どもの多くは、複数の身体症状を抱えているのです。前著で実証研究してきた不登校は、その身体症状の一つです。

もう一つ気になることがあります。心の栄養不足は、子どもの順当な成長を妨げているのです。これは、身体症状のようにはっきりと見えないのです。登校していても自信の水不足の子はいるのです。

これらの身体症状は、親からのコンプリメントで子どもの心のコップを自信の水で満たすと、軽減し次第に消えていきます。さらに、この子どもたちが、今までとは異なる何かしらの力を発揮するようになります。この力を発揮するようになることが順当な成長の始まりなのです。

親から注がれる自信の水が、子どもの心の栄養です。それは親からのコンプリメントでつくられます。自信の水は、子どもの活動のエネルギーであり、順当な成長を育むのです。自信の水は、子どものもつ「良さ」を、「…の力がある」と「…お母さんうれしい」の二つの言葉を使って子どもに気付かせることでつくられます。この「良さ」を気付かせることをコンプリメントと言います。

「…の力がある」は親からの承認、「…お母さんうれしい」は親の愛情です。

冒頭のお母さんは、コンプリメントの言葉「お母さんうれしい」が声にならないのです。パニックで泣き叫ぶ我が子に、自信の水を入れてあげたい、共感したい、しかし、声にならない。お母さんは、幼い頃に「お母さんうれしい」と声をかけられた思い出がなかったのです。経験がないと、人一倍の愛情をもっていても「お母さんうれしい」のたった一言の言葉さえ声になりません。これは本当に驚くことです。このように、子育てがその後の子どもの人生を左右するのです。

この「自信の水」についてまとめた前著を読まれた方々から、この本の内容を個別に指導してほしいとの要望がありました。「面接を受けに行くには遠い、なんとかならないか、助けてほしい」。それも、北は北海道、南は九州・沖縄まで、まさに全国各地からメールや電話をいただくようになりました。不登校だけでなく、様々な身体症状を抱えた子ども、中には引きこもり状態の子どもを抱えた方もいました。三十歳近いお子さんです。

様々な子どもの身体症状や子育てにコンプリメントを試してみると、年齢に関係なく子どもに動きが出ることに驚かれたのです。ただ、その後の一歩をどう踏み出せばよいのかが自分では分からない。子どもの動きも理解できないのです。確かにコンプリメントで子どもは動く。しかし、子育てや再登校につなげるにはどうしたらよいのかが分からない。個別に指導をしてほしいとの声です。自信の水不足の我が子を、コンプリメントで救いたいとの親の強い思いを感じました。

コンプリメントのトレーニング

全国各地からの依頼ですから、面接してコンプリメントを教えることは不可能です。そこで、面接に代わるものを考えました。それが通信添削のコンプリメントトレーニングです。子どもの心に自信の水を入れてあげられる親となるためのトレーニングです。まず、親が子どもにかけたコンプリメントを、毎日トレーニングノートに記入します。そのノートを一週間ごとに送ってもらい、添削し送り返すことです。こうすれば、毎日面接しているのと同じような効果があるのです。ただ、添削だけでは急ぎの相談はできません。郵送と添削のタイムラグも生じます。これをカバーするために、メールによる相談を取り入れました。主に「トレーニングノートの添削」と「メール相談」の二つで、親にコンプリメントをトレーニングしていきます。時々、電話相談もしています。

海外在住の方にもコンプリメントのトレーニング

この方法によって国内だけでなく、海外在住の方にもコンプリメントのトレーニングができるようになりました。家族で海外へ赴任し、そこで不登校になっている子どもさんも多いのです。米国でしたら州にもよるでしょうが、学校は、子どもが長期の欠席（およそ三十日）になると警察に通報します。警察の家宅捜索が入ると聞きました。虐待と疑われるのでしょうか。そのために警察の介入が必要なのかもしれません。

親を支えるブログとメルマガによる情報提供

コンプリメントは、親が子をよく観察して子どもの良さ＝リソースを見つけなければなりません。子ども個々にその良さ＝リソースは異なるのです。親自身が見つけなければなりません。そして、不登校であれば子どもの反応を見ながら、背中を押すことも必要です。さらに、それぞれの子どもの身体症状に応じた手立ても工夫しなくてはなりません。コンプリメントトレーニングでは、コンプリメントを主に様々な子どもに応じた支援をしているのです。そのために、トレーニングノートの添削とメール相談に加えて、ブログとメルマガによる情報提供を組み合わせています。

トレーニングを受けた親には、子どもの状況や年齢に応じたコンプリメントや背中を押す「工夫」、子どもの身体症状に合わせた「支援」をしています。その「工夫」や「支援」を共有化できれば、親のコンプリメントの力は高まります。そのための情報交換の場が、私のブログのコメント（comments）です。例えばコメント（5）をクリックすれば親相互の情報交換の場に入れます。（5）は親からの情報の数です。情報がなければ（0）となっています。トレーニングを受けている親は孤独ですが、孤立しているのではなく、困ったら全国の仲間が情報を提供してくれます。

（ブログへは、「KIDSカウンセリング寺子屋」で検索してホームページを開き、「所長のひとりごと」をクリックして入ります。そして、ブログ下にあるcommentsをクリックします。ただ、読むことはできますが、質問・相談を投稿できるのは会員のみです）

親を支えるコンプリメントトレーニング研修会・講演会

さらに、主要都市でコンプリメントトレーニングの研修会も開いています。私の生の声でコンプリメントトレーニングを説明し、参加されている方との質疑応答で研修を進めています。この会も親の「気付き」やコンプリメントの意欲を高める効果があります。

アマゾンや楽天のレビューが増えるに連れて、教育委員会から教職員研修の依頼も増えてきました。先生にも教室でコンプリメントを使ってほしいとの思いから、できる限りお引き受けしています。先生から自信の水不足の子どもに一声コンプリメントをかけていただきたいのです。

（注）「コンプリメントトレーニング」は商標登録してあり、許諾なく使うことは商標権の侵害にあたります。許諾のない使用はできませんので、ご注意ください。

前著の子どもたちの五年後の様子

さて、身体症状の一つである不登校でしたら、前著の支援方法で毎年たくさんの子どもたちが再登校しています。子どもの心のコップの大きさが異なりますので、再登校までの時間の長短はあります。しかし、親がコンプリメントの工夫改善と少し背中を押すことをあきらめない限り、ほぼ全員が再登校します。子どもの心のコップを自信の水で満たすコンプリメントは、他のどのような支援方法よりも効果があるのです。

前著の子どもたちの五年後の様子をお知らせします。大晦日《おおみそか》に街灯の下でうなだれていた中一の女の子は、看護大学を卒業し国家試験に合格。ある大病院で働いています。月二回はライブハウスでバンド演奏。リードギターを担当。ギターの腕前は相当なものだそうです。心のコップは大きく強く育ち、もっている力を発揮しているのです。先日家族で経過報告に来られ、お母さんもこれほどまでに子どもが変わるのかと感無量の様子でした。

また、高校卒業後専門学校に進学した子どもは、地元の会社に就職しています。仕事をしながら劇団をつくり、慰問活動をしているのです。自信に満ちあふれて「先生が言ったでしょう。人に役立つ生き方をしなさいと。だから僕たちは慰問をしているのですよ」…その言葉に失礼ながら耳を疑い、もう一度確かめました。「劇団ですよ、僕たちのブログにも書いていますよ」とメールをもらいました。確かにコスプレが好きで、よく映画の話をしていました。ですから、劇団につながると言えばつながりますが。ただ、この子は、高校からは教室登校しましたが、小四から保健室登校、中学校でも別室登校、一度も教室に入れなかったのです。その子が仕事と劇団を両立しているのです。自信の水で人はこんなにも変わるのかと驚きました。

子どもの心を自信の水で満たすと順当な成長をしていきます。これまでには考えられないような力を発揮していきます。おそらくこのような能力をもっていたのでしょう。自信の水不足のままでは、その能力も発揮できなかったと思われます。このように順当な成長をし、コンプリメントキッズとして歩み始めている姿を目のあたりにすると、あらためてコンプリメントの力に驚きます。長期の不登校であった子どもたちが、これだけ変化しているのです。この子たちも学校という学びの場に戻っていったからこそ、社会で活躍できているのです。

子どもの心のコップが育つには三年間ほどかかります。三年間は長そうですが、子どもの人生においてはわずか三年間です。

コンプリメントトレーニングは六十回の面接と同程度の効果

コンプリメントトレーニングは、二か月＝六十日です。毎日トレーニングノートに子どもの様子やコンプリメントで気付いたことを書いていきます。これが「親の気付き」となります。カウンセリングとは「気付き」を引き出すものです。前著のように月に一、二回の面接での「気付き」よりも、はるかに効果があります。トレーニング期間は六十日ですから、六十回の面接と同程度の効果があるのです。さらに、子どもの年齢にかかわらずコンプリメントの効果が認められます。子どもが何歳であっても、コンプリメントで育て直しができるのです。

第四章に書いてあるように、もし、誕生した時から、子どもの心のコップにコンプリメントで自信の水を溜《た》め、活動のエネルギーを溜めてあげれば、どのように育つでしょうか。第一章のＣａｓｅにあるようなたくさんの変化もあるのですから、考えただけでも子育てが楽しくなります。

燃料の入っていない車は動けない

どのような素晴らしい取り組みをしている学校や進学教室であっても、子どもの心が自信の水で満たされていなければ、もっている能力は発揮できません。つまり、燃料が入っていない車が動けないのと同じです。素晴らしい取り組みは、燃料ではなく、車の性能を発揮しやすい走行コースにしか過ぎません。逆に言えば、コースがよくなくても燃料のたくさん入っている車であれば、多少の苦労はしますが能力を発揮できるのです。その苦労は、心のコップを育てるチャンスです。

学習支援

これまでの五年間の実証研究の中で、学習支援をしていくことの必要性も感じました。休んでいる間にどうしても学力が落ちるのです。特に差がつくのが英語です。そこで、東京都江東区の「江戸川英語研究所」に依頼し、実証研究してもらいました。現在、全国どこにいても子どものペースで学力をつけられるＤＶＤによる通信添削（第四章参照）をつくることができました。コンプリメントで自信の水が溜まり、学習意欲が高まれば利用できます。当然のことですが、不登校でなくても、これを利用すれば英語など教科の力はつくのです。

子育ては親の役目

子育ては親の役目です。子育てを他人に任せることはできないのです。本書は、前著をベースに、この五年間の実証研究で深めたコンプリメントトレーニングの知識や技術をまとめました。是非ともこれを活用して、コンプリメントを子育てに用いてほしいのです。コンプリメントキッズに育ててあげてほしいのです。また、身体症状が出ていれば育て直しをするのです。

嘆き悲しむ前に、まずコンプリメントで自信の水を入れます。親の力で子どもの心に自信の水を満たせば、順当な成長へと導けるのです。幼児でなくても子育てはできます。育てた時間だけ、育て直しをするのです。子どもの人生から見ればわずかな時間です。これを忘れないでください。

目次

プロローグ

第1章 Case 不登校や身体症状を解決した35の事例

第2章 自信の水不足の様々な身体症状

第3章 子どもの心を育て自信の水で満たすコンプリメント

第4章 今後の課題と私のプラン

第1章

Case

不登校や身体症状を解決した35の事例

Case 1

子どもを救おうとコンプリメントしようとすると、頭の中にいる幼い頃の私が「ずるい」と泣き始めるのです

二年半になろうとする長期のコンプリメントトレーニングを経て、ようやく自力でどうにかしようという覚悟ができました。子どもの人生がかかっているのです。どれだけ時間がかかってもあきらめないとの決意でここまできました。

全てが解決したわけではありませんが、教室登校ができるようになりました。まだ課題はあります。教室登校できることに時間はかかりましたが、私にとって快挙なのです。トレーニング開始時は、二、三か月で子育てが改善されるものだと思っていました。

思い起こせば三年前のことです。子どもの心のコップの自信の水がカラカラになっていました。それに気付いてあげられなかったのです。担任のパワハラがきっかけで、子どもの自信の水は減っていきました。子どもの体に鉛が入ったように重く動けなくなったのです。あの明るく活動的な子どもが、床にはいつくばって「私は生きていく価値がない」と泣き叫ぶのです。ようやく大変なことになっていることに気付きました。その時は、ゆっくり休ませれば元のようになるだろうと思っていました。しかし、症状が続くので病院で精密検査を受けましたが、異常はありませんでした。スクールカウンセラーの面接も受けました。ますます状態は悪くなっていきました。教室に戻れるどころか「生きていても意味がない。死にたい」と泣き叫ぶ

のです。

なぜ、どうして…私も追い詰められました。ストレスで意識が切れることもありました。頭髪に急に白髪も増えました。吃音《きつおん》やめまいにも悩まされました。全寮制の学校や地方の小さな学校への転校も考えましたが、なぜ、どうしてこのような状態になっているのか不安な状態が続いていましたので、手の打ちようがありませんでした。

そのような時、くもの糸のように一筋の光が見えました。それが「コンプリメントトレーニング」でした。原因と思っていることはきっかけでしかない。「過去」にばかりとらわれていた私は、「これだ」と思う何かを感じ取りました。

すぐにコンプリメントをしてみることにしました。ところが、子どもの良いところが見つからないのです。考えて考え抜いて良さを見つけても、言葉が口から出てこないのです。コンプリメントしようにも、声にもならず、涙が出てくるのです。私は褒められたことがないのです。子どもを褒めることができないのです。私の頭の中には、実母から憎たらしい表情でにらまれたり、たたかれたりした記憶がこびりついているのです。子どもを救おうとコンプリメントしようとすると、頭の中にいる幼い頃の私が「ずるい」と泣き始めるのです。

このような状況ですが、子どもの人生がかかっていると思いトレーニングを申し込みました。トレーニングを受けておられる多くの方のように、二か月くらいで自分もできるようになるだろうと考えていました。しかし、そんなに簡単なものではありませんでした。褒められたことのない人間がコンプリメントするのです。並大抵のことではありません。子どものために必死でトレーニングを受けました。トレーニングを始めて半年後、子どもが口を開いて、担任からひどい仕打ちを受けていることを話してくれたのです。やっと親子の信頼関係ができたのです。
トレーニングを始めると、自分自身と向き合うことになりました。トレーニングは、実は私自身のカウンセリングを兼ねていることに気付きました。トレーニングノートも続くだろうかと不安でした。日記さえ書かない私が、毎日ノートを書くのです。それに書くことが苦手なのです。

その不安は、幸か不幸か外れました。不思議なことに、書けば自分の言動や気持ちが整理されていくのです。書くことの重要性に気付きました。誰にも話せない自分の心情を書きなぐるように書き続けました。ある時は、直接トレーニングと関係ないことも、愚痴やいろいろな家庭の不満も吐露するようになっていました。トレーニングとは関係ないとのためらいもありましたが、それも必要だったと思っています。このノートを見てくれて添削してくれるのも、大きな励ましでした。このようにトレーニングノートを書くことで、感情を吐露して心の安定を図りました。

何人もの子育てを楽しそうにやってのけるお母さん方を見て、私はなんて子育ての才能がないのだろうかと思いました。とにかく、子育てはへたくそでも、手間をかけ、心をかけて、愛情をかけていくことだと分かりました。それが自信の水となって子どもの中に蓄えられていくのです。子どもは自信の水をしっかりと使いますから、不足しないように入れていかなくてはなりません。私の子どもには、入れてあげられなかった愛情と手間と心が足りない状況だったのです。

トレーニングを始めて十歳の子どもが私の膝に乗り、二歳児のように泣き続けているのです。長い間心を自信の水で満たしてあげられなかったのです。かわいそうなことをしていたのですね。

コンプリメントしてもコンプリメントしても、子どもはなかなか動きませんでした。他の方のような変化はなかなか出なかったのです。悩んだ時期もありました。それでもトレーニングノートを書き、自分や子どもの言動を観察して分析していきました。これはコンプリメントになっているか、子どもの反応はどうかと考えて記録をしていきました。これはとても意味のあるものなのです。とにかく続けました。うまくできない日もありました。忙しくて書く時間のない時もありましたが続けました。子どもには、私のような子育てをしてほしくない、負の連鎖を断ち切りたいとの一心でした。

子どもへの愛情と承認のコンプリメントを続けていく間に、自分自身に変化が訪れました。これまで実母から憎しみの眼差《まなざ》しを向けられている記憶しかなかったのですが、母親なりの悲しくて辛い生い立ちがあることに気付きました。へたくそですが、それは精一杯の子育てをしてくれていたと思えるようになりました。恨みが、いつの間にか慈しみの気持ちへと変わりました。さらに、実母からかけられた憎しみ一色と思い込んでいた記憶の中から、わずかながらも愛《いと》おしい眼差しを向けられた記憶も取り出すことができるようになりました。実母を許し愛せるようになってきたのです。これは、私がコンプリメントトレーニングを通して長期の良質なカウンセリングを受けていたのと、同じ効果をもちました。

子育ての力は、センスと才能ではなく、観察と努力によって備わるのです。毎日のコンプリメントの前に、「一日一回五秒間は、世界一大好きだよという気持ちを込めて子どもの目をじっと見る」のです。トレーニング八百十日を経て、それができるようになりました。何としても子どもを守るという揺るぎない覚悟、自分自身の弱さを受け止めること、継続こそが力なりとあきらめないこと、へたくそでも愛情のあるコンプリメントを続けることなのです。頭の中の幼い自分はすっかり成長したのか消えています。さらりとコンプリメントができるようになっているのです。

これからは、自分の力で続けていきます。どのような試練が待ち受けているかもしれません。乗り越えられる確信はありませんが、毎朝子どもの目を五秒間見ていきます。八百十日間、毎週毎週寺子屋教室から海を渡って愛ある添削が届きましたが、これからは一人立ちです。メルマガやブログでつながっていますので安心しています。

Case 2

小一で場面緘黙《かんもく》、小五で不登校の二つの身体症状

中一の女の子です。小一で場面緘黙の症状（話す能力はあるが、話そうとしても話せない）が顕著に現れました。家庭では普通に話せていますので、「お母さん、心配しなくても…」などと言われていました。小五で不登校になりました。不登校になった頃は、学校では誰とも一言も話せませんでした。

トレーニング前は、時たま放課後に学校に顔を出している程度でした。トレーニングを始めた二か月後の九月より、別室登校を毎日少しずつ始めました。トレーニングを続けた十一月、養護の先生と話せるようになりました。それをきっかけに校長先生と女性の先生と話せるようになりました。小六になり、完全教室復帰は果たせませんでしたが、別室から時々教室へ入り、授業を受けることが日々できるようになりました。

現在中学一年、入学式翌日から教室へ入れず、それでも時々教室へチャレンジしていましたがなかなか難しく、今は相談室登校しています。

ただ、中学では、入学二日目から担任の先生と話せるようになり、そこからどんどん話せる先生が増え、苦手だった男性の先生とも話せるようになりました。

スポーツテストの時は結果に満足できず、「もう一度やらせてください」と言ったそうで、先生がたいへん驚いて知らせてくれました。用事がある時は、自分から積極的に声をかけるこ

ともあるようです。先日は、同じ相談室登校の男子生徒の前で声が出せたと、喜んで帰ってきました。

同級生との会話が最も苦手で、今のところはまだ声は出せませんし、親しい友達もいないのですが、自己紹介カードに「いつかみんなと話せるようになりたい」と書いていました。娘にとってはこんな小さなことも大きな進歩なのです。

コンプリメントは添削指導のとおりシンプルに、「したこと、できたこと」を子どもに気付かせるようにしています。

毎朝葛藤があり、朝食を食べ制服に着替える段階で黙って座ったまま動かず、といった苦しい朝もあります。新しい環境で心機一転し、変われる緘黙のお子さんもいると聞きますが、娘の場合は環境に慣れるのに手間がかかるように思います。

教室に入れない分、廊下から授業を聞くこともあります。最近までほとんどの授業を廊下で聞いていましたが、体調不良になり今は少し減らしているようです。あまり自分の気持ちを語らないので分かりにくいのですが、頑張ろうとしているのは伝わってきます。

私の性格や家庭や仕事の事情もあり、いつもバタバタ、キリキリすることが多かったように思います。もっとゆったり向き合えば良かったと思います。今、過去は捨て、少しでもそれに近づけるよう工夫しています。

Case 3

私自身が「自信の水不足」の子ども時代を生きてきたのだと気付きました

中三生の母親です。自分の経験ですので、コンプリメントトレーニングの参考になるかどうか分かりませんが…。

私は、学生の頃に「過食嘔吐《おうと》」「自傷行為」をしていました。命に関わるほどのものでもなく、ひどいものではありませんでした。ストレスからのイライラや不安が溜《た》まると、食欲を抑えきれませんでした。そして、食べてしまったことに罪悪感をもち、太ることを恐れて自分で指を入れて吐くことを繰り返していました。このイライラや不安がどうにもならない時は、腕をカッターで傷つけてみたり、安全ピンでピアスの穴を増やしたりしました。ピアスの穴は両耳で十三個開けました。自分を傷つける、痛めつけることで、純粋な自信の水ではありませんが、小さな心のコップは、その場しのぎの痛みで満たされるのです。ただ、このような水では、罪悪感、嫌悪感、自己否定しか残りません。自信の水は増えることなく減る一方でした。

子どもの不登校をきっかけに、コンプリメントトレーニングを始めて、私自身が「自信の水不足」の子ども時代を生きてきたのだと気付きました。

子どもの私が何を思って自傷や過食などをしていたかと振り返ると、「今の自分は嫌だ。こんな自分を認めたくない」「もっと良くならないといけない」「いい子でないと認めてもらえない」「こんな醜い自分でも愛してほしい」「誰か私を愛してほしい」「心配してほしい」「気付いてほしい」「見捨てないで、一人にしないで」等、様々な感情の渦巻く中で葛藤していたように思います。

当時は何も分かりませんでしたが、やはり寂しかったのだと思います。愛情が欲しかったのだと思います。自信の水を入れてほしかったのだと思います。そのことに自分では気付かないのです。

両親に愛してもらっていないとは思っていませんし、たくさんの愛で育ててもらっていたと、両親には感謝と尊敬の気持ちでいっぱいです。しかし、当時は、両親の思っている私への愛情と、私が望んでいる愛情が微妙に異なっていたのだと思います。兄も弟も多くの問題を抱え、親と毎晩喧嘩《けんか》をしていました。私は兄弟の間に挟まれ、一番いい子でなければなりませんでした。いい子でしたから、両親は兄弟の対応に追われ、私はほうっておかれました。「手のかからない子だから、ほうっておいても大丈夫」だと両親は思っていたのでしょう。手のかからない子が親に構ってもらうには、「手がかかる子」になるしかないのです。そのために拒食と過食を繰り返し、自傷をしていたのです。

私は、自分の体験からも、子どもの問題行動自体を止めるのではなく、コンプリメントで愛情と承認の自信の水を入れてあげるのが最も大切だと思います。

子どもの身体症状は、「どんなにひどくても、どんなにダメでも、それでも親は私を見捨てないで愛してくれるのか」と試しているのです。コンプリメントを求めているのです。ですから、反応が悪くても、コンプリメントは必ず子どもの心に届いているのです。それが私には分かるのです。

これまでの経験が今役に立っています。トレーニングで挫《くじ》けそうになっても、続けることができるのです。鬱《うつ》にもなりましたが、自分で薬を断ち、自分で乗り越えることもできました。これもコンプリメントトレーニングとの御縁だと思います。

Case 4

地獄のような家庭から復活させる道が分かりました

幼い頃から躾《しつけ》の難しい子どもでした。成長するにつれ、些細《ささい》なことでひっくり返って泣き叫ぶようになりました。地獄のような家庭でした。

その子どもが六年生になり不登校になりました。「不登校の原因は、心のコップの自信の水不足」の言葉が、ストンと胸に落ちました。しかし、コンプリメントトレーニングは、私には思っていたよりもずっとずっと難しいものでした。具体的な方法があるにもかかわらず、実際に、我が子にどのような言葉をどのようなタイミングでかけるのか、親は何を子どもに躾け、何を子どもに任せるのか等は、個々の親の判断と力量にゆだねられるのです。自分に限界を感じ、何度も挫けそうになりました。その力量を育てるのがコンプリメントトレーニングなのですが…。

また、電子機器の制限も、たいへん苦しいものでした。小学生の子どもですが、長時間の絶叫、暴力、暴言、破壊行為等々…壮絶なものでした。それでも、六度にわたる子どもとの死闘のような制限への挑戦。制限ができたのは、このトレーニングを受けていたからこそです。

電子機器を制限しても、トレーニングが百日を超えても、子どもは登校しません。しかし、この頃になると、親の子育ての勘が働き出しました。子どもをよく観察し、登校するためにまだ欠けているものは何だろうと、何度も考えました。すると、答えが自ずと見つかるようになりました。

私の子どもの場合、年齢相応の自立心、協調性、社会性が育っていませんでした。また親自身の課題も見えました。過干渉な親、子どもに共感できない親、「厳しさも愛情」であることは分かっていても、それができない親であること等です。トレーニングを続けて、これらの課題を克服するにはどうすればよいのかが、徐々に自分でも分かるようになってきたのです。

最初は「基本の言葉を大切にするコンプリメント」でしたが、このトレーニングを続けることで、親の子育ての勘が働き出し、それぞれの家庭に合った独自のコンプリメントへと進化を遂げるのでしょう。

そのように計算されて、このトレーニングはつくられているのです。それがこのトレーニングの真髄であり、素晴らしさではないかと感じます。

トレーニングは長くなり、子どもは小学校の卒業式にも出られませんでした。しかし中学からは登校すると自分で決め、そのとおりに登校を始めました。
心療内科の薬はもう飲んでいません。飲んでいた頃より、絶叫はずいぶんと減りました。もちろん、まだまだ道半ばです。課題はたくさん残されています。幸いなことに、このトレーニングのおかげで進むべき道が分かります。子育てがうまくいかないと逃げていた私は、子どもが不登校になり、トレーニングと出会ったおかげで、やっと子どもと真剣に向き合うことができ、子育てとは何かを学ぶことができました。

Case 5

注意欠陥障害を防ぎ電子機器の依存を治すため薬を処方され、ひどい依存症になってしまいました

中三の子どもは公立の療育センターへ通っていました。私は、このセンターの薬物治療に疑問を感じました。療育センターでは、注意欠陥障害を防ぐためとのことで、よく名前の知られているA薬を処方されました。注意欠陥障害の効き目は個人差が大きいのか全く効果を感じ取れませんでした。副作用は大きく、「不眠」「興奮」「食欲不振」がありました。この副作用は、子どものオンラインゲームには好都合でした。A薬が切れると、まるで薬物中毒者のように薬を求めて泣き叫びました。A薬を飲むと興奮状態になり、不眠不休でオンラインゲームができるのです。昼夜逆転で学校も休むようになりました。注意欠陥障害を防ぎ、電子機器の依存を

治すためにＡ薬を処方され、ひどい依存症になってしまいました。オンラインゲームを長時間し、その執着心は尋常でない状態になってしまいました。暴力も出ました。金属バットでも殴られました。私の体は全身あざだらけです。

Ａ薬を中止し、次はＢ薬になりました。「Ａ薬みたいにゲームに集中できない」「Ａ薬を出せ」と泣き叫ぶのです。本当に辛い毎日でした。よかれと思って療育センターで薬物治療を受けさせてしまった自分を責めました。

「薬に頼るのでなく、もっと本質的に子どもを変えなくてはならない」と考えるようになりました。そして、運命のようにコンプリメントトレーニングに出会いました。コンプリメントを開始して、少しずつ少しずつ普通の会話ができるようになりました。普通の会話ができるようになり、Ａ薬の副作用や電子機器の害についてもインプットできるようになりました。コンプリメントトレーニング開始一か月後に、本人の希望でＢ薬も飲まなくなりました。コンプリメントで意志の力が育ってきたのでしょうか、子どもが自覚してきたのです。それでも時々「Ａ薬が飲みたい」と訴えていました。販売が禁止されたＣ薬と同じように、Ａ薬も依存性のある成分だと知りました。依存症状は消えてはいないのです。コンプリメントトレーニング二か月目になり、子どもは大学病院での「普通の生活ができていれば薬は不要」という方針を受け入れたのです。完全にＡ薬をあきらめてくれました。自信の水が溜まり、意志の力が強くなったのです。自分をコントロールできるように育ってきました。今では、「電子機器の時間は六十分以下」

と自分で電子機器に制限をかけています。夜は「明日は学校」と早く寝ています。

子どものことをかわいいと思えるようになってきました。これが大きな私の変化です。先日大学病院での診察では、「毎日登校しているし、普通の生活ができているね。薬も不要だし、別に月一回で来る必要はないよ。次は、夏休みでいいでしょう」でした。

Case 6 ほぼ二年間不登校、友達を拒絶し、パソコン三昧、不良のような小学生

子どもが小四のゴールデンウイーク明けから不登校になりました。六年生までの約二年間、様々な公的機関、不登校支援業者、個人のカウンセラーの指導を受けてきました。

ある不登校支援業者では、「ハグを絶対やってはいけない。赤ちゃん返りで大変になる」と言われました。独りぼっちで寂しいと泣きじゃくりハグを求めてくる子どもを、子どものためだと信じて、必死でハグをしないよう努力をしました。三日たてば親のところに来なくなると言われたとおり、来なくなりました。それ以来、子どもは一度もハグを求めなくなり、親子の信頼関係が切れてしまいました。今思えば子どもの心を傷つけるひどい支援でした。子どもの心のコップが壊れてしまったかもしれないのです。

また、ある公的な機関では「パソコンは飽きるまでさせなさい」と言われました。深夜まで

パソコンをする子どもを見るのは、とても辛くて悲しいものでした。このような辛い苦しい思いをしても何の効果もありませんでした。子どもと親の関係を悪くするばかりで、私も子どももどん底に落ちてしまいました。

この頃、ある女医さんから、コンプリメントトレーニングを教えていただき、すごく希望を感じました。女医さんの友人がすでにコンプリメントトレーニングをしていました。その方のお話も伺いました。これを機会に子どもの心に自信の水を入れるコンプリメントに取り組みました。

コンプリメントトレーニングの開始資料を読んで、涙、涙でした。心の底から納得できる内容だったからです。ただ、我が子は、不登校歴一年十か月の子どもです。電子機器なんてとても手放せないだろうと思っていました。

ところが、コンプリメントを始め、一週間が過ぎた頃、娘が素直になってきているのです。驚きました。

しかし、なかなか電子機器禁止、制限の合意にもっていけないのです。悶々《もんもん》としていたある日、ブログに「子どもの人生を捨てるのか、電子機器を捨てるのか」という言葉がありました。この言葉にショックを受け、決死の覚悟で説得にあたりました。その後主人による電子機器強制撤去もあり、見事に電子機器禁止ができました。

三〜四日の反動は、格闘あり、私のスマホを奪い、鍵をかけて洗面所に立てこもりもありで大変でした。数日後には、「電子機器がなくなってよかった」と子どもが話しました。

せめて、学校の相談室に行けたらいいと思っていたら、「相談室に行くと教室へのハードルが高くなり大変になるから、即教室へ」とのメール支援がありました。思いもよらないハードルの高さに不安でしたが、必死でコンプリメントした結果、四月の始業式より本日まで丸一か月、無遅刻、無欠席で教室登校しています。朝からの登校が一か月過ぎましたので、パソコンを返還して、自己管理させています。

ところがゴールデンウイーク明けの三日間登校できなくなりました。一番のネックが体育だったのですが、「体育は、不登校の子が最後に受けられる授業なので、見学させても登校させるように」とメール支援を受けました。その後登校を再開し、現在も無遅刻教室登校が続いています。一進一退で子どもは成長すると言われていたとおりでした。

今まで、「ママ食べていい？」「これしていい？」といちいち私に聞かないと動けなかった子どもが、自分の意志と判断で行動できるようになり、夜九時頃自分で寝て、朝六時頃自分で起きてきます。受験をしたいと言い出し、パソコンの代わりに教科書にはまっています。パソコンも、平日九十分、休日百二十分を自分でタイマーをかけて、タイマーが鳴れば自分でやめます。自己管理できています。友達とも、よく遊ぶようになりました。驚きの連続です。

Case 7

子育てとは何かを知り、光に包まれています

幼稚園児の頃から登園渋りがあり、小学校三年生の九月まで遅刻や欠席をしながらも、なんとか登校してきましたが、九月の二週目より登校できなくなりました。途方にくれている時、「自信の水」のことを知りました。目から鱗が落ちるほど感銘を受け、十月からコンプリメントを開始しました。数日後には夕方過ぎの放課後登校ができるようになりました。その後、早い時間の放課後登校をし、クラスメイトと放課後のプリント学習もできるようになりました。コンプリメント五十七日目には、給食から登校して五、六時間目を受け、友達と帰宅できるようになりました。

コンプリメントが全く効かない時期もあり、何度も心が潰れそうになりました。しかし、子どもを救うのは私だと思い直し、愛情を込めたコンプリメントを続けました。

先週子どもが絵を描いて見せてくれました。小さなつぼみが大きくなり、やがて大輪の花になる絵でした。

「私はつぼみだったけど、こんなお花になったよ！」。この言葉に涙が出ました。今、厚い黒雲から光が射し込み、私たちは光に照らされています。その光は母が子どもにかけるコンプリメントではないでしょうか。

子どもは学校からの帰宅後、自転車で友達と元気よく遊びに行きます。数か月前にはこのよ

うな姿を想像できませんでした。まだ、朝からの登校には至っていませんが、必ず毎日登校できるようになる自信があります。

Case 8
抗うつ剤を子どもに飲ませる前に コンプリメントで子どもの心を自信の水で満たしたかった

始まりは高校へ入学した頃でした。毎朝のテスト。不合格だと居残り再テスト。頑張っても不合格が続き、次第に眠れない、体調が悪い、学校へ行きたくないと言い始めました。それでもほとんど休むことはなく、学校へは通うものの一切勉強しなくなり、イライラしてインターネットにのめり込みました。「勉強しなさい」と言うと暴れることもありました。

眠れないことから精神科を受診したのは、高校一年の秋。眠るために安定剤を服用しました。さらに、抗うつ剤をすすめられるほどでしたので、この学校をあきらめて転校しました。三か月ほどは元気になっていました。しかし、春からまた気分の落ち込みがひどくなり、転院して抗うつ剤を試すことになりました。ところが薬が原因と思われる錯乱状態となり、減薬していく中で自殺願望が高まり、怖い思いをたくさんしました。

その頃「自信の水とコンプリメント」のことを知り、トレーニングを始めました。コンプリメントをかけていくと、約二か月休んでいた学校へ行けるようになりました。自分のことをゴミだと言ったり、人が怖いと言ったりしていた子どもが、アルバイトの面接に行けるようになりました。

精神科での問診は全ての項目が改善し、通院しなくてもよくなりました。薬なしで約三か月です。こんなにも変わるものかと驚きました。もっと早く知りたかったと心から思いました。子どもに必要だったのは、薬ではなく親からの愛情と承認だったのです。自信の水を求めていたのです。コンプリメントは、この二つを子どもに伝える方法です。抗うつ剤を子どもに飲ませる前に、子どもの心を自信の水で満たしてあげてください。

Case 9 心療内科の受診をすすめられ、通常の教育指導の枠を超えていますとまで言われた子どもでしたが、コンプリメントで受診の必要はなくなりました

友達もたくさんいて、元気で朗らか、学校が大好きな子どもが、小学三年の二月より、登校するものの教室へ行けなくなり、保健室や相談室のお世話になるようになりました。

小さい頃から元気で「子どもらしい」と周りからかわいがられていたのですが、いわゆる多動傾向があったようで、小学校にあがってから少しずつ先生を手こずらせるようになりました。三年生になり担任の先生からひどく叱られることが急増しました。子どもは教室で騒ぐように

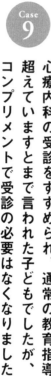

なりました。だんだんと自己否定する言動も増え、「死にたい」と言ったり、叱られると家を飛び出したりするようになりました。小学三年生とは思えない荒れ方です。学校にも何度も呼び出され、捨て鉢な態度で廊下にたたずむ子どもを見て、絶望的な気持ちになったことも数え切れません。これまでもたくさんの教育関係の本を読み、子どもを褒めながら育ててきたつもりだったのですが。

　四年生になり、最初の一週間は元気に登校し、新しいクラスを気に入り、気持ちが切り替わったと思った矢先、また相談室、保健室のお世話になってしまいました。本当に途方に暮れ、どうしたらいいのかネットで検索していた時、たまたま、子どもの心を自信の水で満たすコンプリメントトレーニングのことを知りました。

　分かりやすい、実践的な方針が心に響き、一週間で子どもの表情が明るくなってきました。親としての「子育ての勘」が育ってきました。褒めて育てることはこういうことだったのかと、日々の子どもの変化を見ながら痛感しました。

　学校側から心療内科の受診をすすめられ、普通じゃないと言われ、通常の教育指導の枠を超えていますとまで言われた子どもでしたが、コンプリメントで生活は改善し、受診の必要はなくなりました。夏休み前から授業に少しずつ出席するようになり、夏休み明けには教室で楽しく元気に授業を受けています。とても積極的になり、自信がつき、先生方が驚くほどの変わりようです。もちろん、まだまだ多動傾向としての問題行動は垣間《かいま》見られることがありますが、激減しています。教室に行けなくなる前よりもよい状態です。習い事も徐々に再開し、自分で行動し、考えられるようになっていることに驚かされています。

私は、子どもの「未来の可能性の種蒔き」をコンプリメントトレーニングの最終目標としています。子どもの良さに親が気付き、子どもに伝え、子どもの自信になり、自信のついた子どもの力強さに親も感動していくことが、家庭内でもとてもよい雰囲気をつくり出し、子育てが楽しくなっています。

Case 10 気が付けば学校からトラブルの連絡もなくなり、激しいトゥレットもほぼ見られず、集団生活や友達づきあいも良い方向に変わりました

なんとも言えない育て難さを乳幼児期からずっと感じておりました。気のせいだと言い聞かせてきましたが、わが子に発達障害との診断が下りました。この育て難さに病名が付きホッとしたのもつかの間、頻繁に起こるトラブルに悩まされる生活は変わりませんでした。

この子に合った対応を探して小児精神科医、スクールカウンセラー、学校の先生方等、様々な立場の方に相談しました。しかし、どなたからも具体的な方法を提示されることはありませんでした。

対処方法を教えていただきましたが、丸々わが子に当てはまるわけではなく、そこからさら

に合ったものを手探りで探していかなければなりません。うまくいくパターンを読み取るのにとても時間がかかりました。家庭内では比較的うまくいっても、集団生活では通用しないと感じていました。試行錯誤をしている間も、トラブルは絶え間なく起こりました。放任しておくこともできず、またちょっとしたストレスですぐ激しいトゥレット症状（無意識に体が動いたり、うなり声を発したりする）が出現することもあり、それが引き金で授業の妨げになることもありました。本当に苦しい毎日でした。

あれもダメ、これもダメ。こっちに蓋をすればあちらから吹き出す。「もう何もかもこの子から遠ざけなくてはならないの？」「これでいいのだろうか？」。根本的な解決策を見つけられないまま、時間はどんどん過ぎていきました。

そんな時コンプリメントトレーニングに出会いました。コンプリメントトレーニングでは、子どもの特性や発達障害、これまでの先入観を一旦置いておくのです。過去は捨てるのです。トレーニングを開始した時から、子どもを観察し、良さを見つけてコンプリメントします。とても大変なものでしたが、コツをつかみ始めると子どもの心に自信の水が溜まっていっているのか、みるみるうちに子どもが変わっていきました。

「できない」ではなく「できるような状態ではない」だったことなどに気付きました。今では先生方から「最近とても変わったね」と自然に声をかけられます。

気が付けば学校からトラブルの連絡もなくなりました。激しいトゥレットもほぼ見られず、忘れ物も減り、勉強や宿題の取り組み方、集団生活や友達づきあいもよい方向に変わっていきました。子どもの物事のとらえ方や視点が変わっていきました。そこが変わると、独特の異様なこだわりの強さも目立ちにくくなっていきました。とにかくコンプリメントによる良い変化は挙げればきりがありません。発達障害は多様です。我が子に見られた変化が他の子どもさんにも全く同じように起こるとは限らないと思いますが、適切な時期に支援することは必要だと思います。すでに中学二年生になりました。自信に満ちて登校しています。順当な成長をしています。

Case 11

不登校の治療方法は親の力でできる「コンプリメント」である

何にでも頑張る中三の子どもが、一学期の始業式に突然「学校に行けない。怖い」と言い出しました。周囲は「まさかあの子が?」。本人も「何で行けなくなったのか分からない」と言います。まさに真っ暗な落とし穴に落ちたような状況になりました。

私は「子どもの動きを待ちましょう、見守りましょう」「子どもに好きなことをさせれば動きます」では解決できないと感じておりました。子どもの魂が抜けたような、まさに「異変」という姿を見た時、これは親がどうこうできるような性質のものではないと感じていました。何か有効な対処方法があるはずだと探しました。そして、コンプリメントトレーニングに出会いました。コンプリメントトレーニングでは、

- 不登校とは、学校に関するなんらかのきっかけで心が大きなダメージを受けた時、脳が心を守るために「学校は危険なところ、行ったら危ないから行かせないよ」と指令を出し、身体機能をストップさせた状態（だから朝は体が動かない）。
- 不登校とは身体症状であり、治療を必要とする状態である（休んでは回復しない）。
- コンプリメントによる治療は精神科で行われる治療とは全く異なるものである（投薬治療ではない）。
- 不登校の治療方法はコンプリメントである。それは親の力でできる。

と説明があり、ストンと理解できました。またそのような状態になる子どもは、心のコップの水がカラカラだということも、うちの子どもにピタリと当てはまりました。

子どもに何が起こっているのか、何をすればいいのかが分かったのです。「自信の水を溜めれば動きます」は本当でした。コンプリメントをかけていくと、子どもの目の輝きが日に日に強くなりました。子どもは四月末には再登校を開始し、現在も継続登校しています。コンプリメントを実践して五十五日目あたりから、子どもがネガティブな状況の中でも、自信がついたことが分かりました。否定する言葉が多かった子どもが、「私、自信もっていいよね！」とポジティブに考えているのです。子どもの変化を夫に告げると、「それは、子どもへの接し方が変わったからだ」と言われました。トレーニングの成果です。

コンプリメントは、本当に素晴らしいです。子どもの良さを愛情と承認で包んで、子どもに気付かせるのです。闇雲に褒めることではありません。子どもがもっている力、良さが「あるよ」と伝えることです。良さを見つけるためには、子どもを観察することです。見ようとしなければ見えないのです。

Case 12 登校できないまま中二になりました

中一の夏休み明けから全く学校へ行けなくなってしまいました。少し休ませたら登校するだろうと思っていたのですが、笑顔は全くなくなり、昼夜逆転、ゲーム・ネットへの依存が続きました。その間、私もこの状況にどうしたらよいのか分からず、ネットを無理やり切ってみたり、暴れると元に戻したりの繰り返しでした。スクールカウンセラーに「エネルギーが溜まるまで待ってみましょう」と言われればひたすら待つという日々でした。登校できないまま中二になりました。

こんなことではいけない。この子は、ずっと何年もこの状況から抜けられないかもしれない。どうすればよいのか。そんな毎日の繰り返しでした。

そんな時に出会ったのがコンプリメントトレーニングです。コンプリメントを始めてみると、子どもの表情がどんどん穏やかになり、やさしい笑顔が見られる日が多くなってきました。今までできなかった電子機器制限の話し合いにも応じてくれるようになり、それを守ろうと努力をするようにもなりました。

ついに五月の連休明けに朝から登校しました。五月末には二泊三日の宿泊体験にも参加しました。その後は、朝の起きる辛さと戦いながらも週四日は登校しています。昨年末には「もう自分は終わりだ、死にたい」と言って暴れていた子どもです。今では学校の友達の話や部活の話を笑顔でしてくれているのです。本当に奇跡のようです。

何よりも実感したことは、子どもが今まで以上に愛おしい存在に思えるようになったことです。親として子育てがこんなにも素晴らしいものだと感じられるようになったことは、私にとって心の宝です。

Case 13
子どもの身体症状は、人を困らせる問題行為と強い被害者意識。「自分はクズで生きている価値なんてない」

現在も小一の子どもは変化し続けています。コンプリメントトレーニング前の私は、子どもに対してダメ出し、過干渉、共感ゼロでした。子どもの身体症状は、人を困らせる問題行為と強い被害者意識。「自分はクズで生きている価値なんてない」と言っていました。少しの傷で大騒ぎ。頭痛、腹痛を訴えることが多く、何でもすぐあきらめ、チャレンジしたがらない。すぐパニックになる。一人でトイレに行けない等たくさんありました。

ある日、野球がなかなか上達せず、もう頑張れないと訴えました。そこから墜落する飛行機のようにみるみる悪いことが続きました。学校での破壊行為、暴力行為、暴言などで注意を受けることが増えました。心因性の視力障害も出ました。学童保育でも問題行動があり、厳しく叱責されていました。これはおかしい、すぐ何かしないとだめだと思い、調べていくと、コンプリメントトレーニングに出会いました。コンプリメントをかけ続けていくと、いつの間にか「自信の水不足」と思われる症状がなくなりました。パニックになることはなくなり、身体症状も消えたのです。一人で怖がらずどこにでも行き、やってみなくちゃ分からない！と積極的にいろいろな活動に参加しています。落胆する出来事に出会っても、自分で立ち直り、また挑戦します。子どもには無理かなと親が思っても、信じて応援してやらせてみると、想像以上にできて驚くことばかりです。ゲームの時間も自分でコントロールし、それ以外は読書しています。好奇心旺盛です。勉強も好きです。家の手伝いもします。とても強くなりました。そして小さいほうではありませんでしたが、さらに大きく身長が伸びました。

たくさん、良いところがあります。種を蒔いてそれが発芽した、というより、もともとあった良いところがはっきりと姿を見せてきたのです。

右肩上がりに成長していますが、直線ではなく一進一退しながらです。下がる時は悲しかったですが、今は笑って、「大変だね。でも大丈夫、お母さん応援するよ」と言えるようになりました。自信の水不足の身体症状に低学年で気が付いて、修正する方向にもっていけてよかったです。

Case 14

子どもは、部活で顧問や上級生と衝突しました。それは不登校のきっかけに過ぎません。本当の問題は、母親である私でした

子どもは中一の夏休み明けから不登校になりました。親子で出口の見えないトンネルの中でもがき続けました。そして半年がたった頃にコンプリメントトレーニングに出会いました。中二になった子どもは、毎朝元気に登校しています。このコンプリメントは、子どものもっている力を発揮させる鍵にもなっています。このことをまさに実感したのは、これまで引っ込み思案なことが多かった子どもが、文化祭のクラスの出し物である劇の監督に立候補した時でした。そして、監督として、調整力や創造力を発揮し始めました。文化祭を見に行くと、仲間とともにうれしそうに劇をつくり上げる子どもの姿がありました。

不登校になる前、子どもは、部活で顧問や上級生と衝突しました。それは不登校のきっかけに過ぎませんでした。本当の問題は、母親である私でした。子どもに同調し、過干渉、過保護を続け、子どもに嫌われることを恐れ、機嫌を取り、躾もまともにできない親でした。親として子どもに愛情をかけているつもりでしたが、実は全くその逆になっていました。いつも先回りして子どもの成長の機会を奪い、自信の水を減らす親。そして子どもに操作され、信頼されない親でした。コンプリメントトレーニングは、過去は振り返らず、未来を見据えて、今、親がどう行動すればよいかを具体的に分かりやすく示してくれています。

しかし、長年かけて凝り固まった親の価値観や行動習慣は、なかなか自分だけでは変えられません。子どもが心を開き始めると、親が欲を出して子を自分の思い通りに操作しようとしてしまいます。

今もコンプリメントを続けています。まだ一進一退で、学校から帰ると自信の水不足のサインを出すこともあります。欲を出さずにそっと見守り、どんと構えてコンプリメントと共感を心がけ、子どもの心を自信の水で満たし、子どもがもつ本来の力にいろいろな角度から光をあてられる親を目指します。

Case 15

頭では分かっていても、子どもに「～の力がある」「～お母さんうれしい」の言葉が出ませんでした

小学二年の子どもが、夏休み頃から、怒りっぽく、駄々をこねる、キレやすい等々の身体症状を出しました。今までにない様子に、私は戸惑い、イライラして今まで以上に怒ることが多くなりました。理由も分からず「どうして」と悩むばかりでした。

そして、二学期に入って登校渋りが始まり、習っていたスポーツチームも嫌がり、十月の運動会が終わると同時に不登校になりました。理由を聞いても「毎日学校で勉強なんかしたくない」「五時間も六時間も勉強は嫌だ」「だれとも遊びたくない」と言うばかりでした。学校から

紹介されたカウンセリングにも通いましたが、それも嫌がり、本当に途方に暮れていました。

そんな時「子どもの心を自信の水で満たすコンプリメントトレーニング」に出会いました。自信の水の考え方に共感し納得できたのですが、頭では分かっていても、子どもに「〜の力がある」「〜お母さんうれしい」の言葉が出ませんでした。

不登校は三か月、四か月と過ぎていき、「光の見えないトンネル」にいつまでも立ち止まっていました。コンプリメントは本当に簡単ではありません。不登校でわがままになった子どもに振り回されました。

わが子を助けるのは親しかいないと思い直し、コンプリメントを続けました。今まで、私は、子どものことを何も見ていないことに気付きました。

この四月から登校できるようになりました。まだまだ不安定なところはたくさんあります。以前のような元気なわが子に戻したいと思いながら、コンプリメントを続けています。

Case 16
はじめて「力があるね」と伝えた時の子どもの自信に満ちた力強い眼差しをこれまで見たことがありませんでした

母親となって十三年になります。子どもは中学二年生です。子どもが誕生した喜びはとても大きいものでした。やっと誕生して私のところに来てくれたのです。この子が幸せになるように育ててあげたいと、ミルクをあげながら思いました。どのように育てたら幸せになるのだろうか。検診に行けば順調に育っていますよとは言われます。健康には育っているのですが、このままでよいのだろうかとの思いがありました。

どのように育ててあげたらよいのだろうか、その育て方が分からないのです。子育てはどうすればよいのだろうかと疑問をもったまま、子どもが中学生になりました。子どもが大きく育つにつれて、子育てがますます分からなくなっているのです。本当に辛くて孤独な子育てをしてまいりました。不登校ではありませんが、いつ不登校になるか、社会からはじき出されないか、自立できるのか、など本当にビクビクしておりました。努力家でまじめな子どもです。でも心のコップが小さく、カラカラだったのです。

コンプリメントを始めて九十日目です。子どもは本当に落ち着いてきました。「何もかも嫌だ」と投げ出すことはなくなりました。自分で調整する力がついてきています。また、障害をもった子どもの個人指導で使う「すごい」「できたね」などの褒め言葉を、コンプリメントトレーニングの「力があるね」に切り替えました。

はじめて「力があるね」と伝えた時のこの子の自信に満ちた力強い眼差しを、見たことがありませんでした。コンプリメントトレーニングの言葉は、子どもの心に燃料を一気に注ぐのですね。この子に、次々と変化が起こりました。発音面で驚くような変化があったり、漢字検定を受けてみないかと言われたり、何より絶対無理だと思っていた卒業式に、最初から最後まで見事に出席できたのです。本人はもとより、私の大きな自信になりました。

この子は言葉より早く手足が出てしまうこともありました。どれだけ謝りに行ったことか。今では一切心配はありません。一人で大好きな図書館に行かせることもできるのです。

Case 17 全ての医師の見解は「体の強い痛みは心の問題が原因」

明るく活発な子どもが突然激しい体の痛みを訴え、起き上がれなくなりました。朝から晩まで痛みを訴え続けました。何とか痛みの原因を見つけ、一日も早く子どもを楽にしてあげたい一心で、いくつもの整形外科を受診しました。しかし、精密検査でも異変はなしでした。どの医師も「こんなに痛がるのはおかしい」と言います。整形外科的所見が異常なしならば、内科的に何か問題があるのではと考え、内科を受診しましたが、こちらも異常なしでした。子どもの痛みは増すばかりで、毎日鎮痛剤を服用していました。鎮痛剤でも痛みは一向に改善されませんでした。全ての医師の見解は、心の問題で体に強い痛みが出ているのではないのかということでした。

なんとかして子どもの痛みを和らげてあげたくて、メンタルクリニックに連れて行きました。神経性疼痛《とうつう》を和らげる薬を処方してもらい服用しましたが、痛みが治まるどころか薬の副作用による強い吐き気と眠気が出るようになりました。子どもは生気を失い、無表情になっていきました。以前とは別人のように変わっていく子どもを見て、私も主人も「こんなことをしていたら子どもはダメになってしまう。薬では救えない、救えるはずがない」と確信しました。そこからは、インターネット等で痛みの原因や心の問題について調べていたところ、偶然にもコンプリメントトレーニングに出会いました。これなら、子どもを救えるかもしれないと思い、実践してみることにしました。不安で心が押し潰されそうな時も、しっかりと子どもを観察して、今どうするべきなのかを自分で考えました。

現在、子どもは毎日登校して、教室で授業を受けています。数か月前までは、登校して教室へ入ることを考えただけで体の痛みが出ていた子どもが、今は一人でさっと校舎へ入っていきます。友達とも普通に会話もできます。「学校に行けると思えるようになるまで待って」と言って、一日中家で過ごしていたのが嘘のようです。

子どもが毎日学校へ登校することが親にとってどんなにうれしいことか、子どもが元気でいてくれることが親にとってどれだけうれしいことか、毎日喜びを感じています。

不登校は薬では治りません。薬では決して解決しません。もし、子どもさんに薬をとお考えのお母さんがいましたら、今一度考え直してみてください。薬でなくコンプリメントで子どもさんを元気にしてあげてください。早い時期に奇跡的にコンプリメントトレーニングに出会えたことを幸せに思います。

我が子を救えるのは親しかいません。親がどれだけ子どもを思い、厳しい愛情とやさしい愛情をもって子育てができるのか、真剣に向き合うことができるのかが大事だと思います。私自身はまだまだ親としても未熟で、日々これでよいのかと自問自答していますが、コンプリメントトレーニングによって、親が変われば、子どもも自信にあふれたポジティブな思考に変わっていくはずです。

コンプリメントトレーニングが日本各地に、そして世界へと広がり、ポジティブ思考の自信に満ちあふれた子どもたちでいっぱいになることを願っています。

Case 18
自分はあんな親になりたくないと思っているのに、いつの間にかそれ以上のひどい親になっていました

私は、子どもに自信の水を入れてあげられない親だったのですね。そして親自身もきっと、親には褒められた経験が少ないのでしょう。文句ばかり言われて愛情ある言葉など聞いたことがないのかもしれません。自分はあんな親になりたくないと思っているのに、いつの間にかそれ以上のひどい親になっていました。それは、自分が受けた子育ての仕方しか知らないからです。

子どもに愛情を伝えたい、立派に育ってほしい。でもその方法を知らないから過干渉になり、先回りして転ぶのを避けるように手助けしていました。また、子どものわがままを許すことで、愛情を伝えていると勘違いしていました。いつかきっと良い子になると思い続けていましたが、

心が弱く、我慢がきかず、頑張る力のない子どもになってしまいました。私は一体何を間違えたのだろうと、毎晩眠れず悩み苦しみました。

そしてコンプリメントトレーニングに出会ったのです。光が見えました。親が何をしたらよいのか教えてくれたからです。何のために子育てするのかが分かるようになりました。社会の役に立つ大人に育てればいいと理解しました。神様から授けられた子どもをコンプリメントキッズに育てればよいのです。こんな分かりやすい目標はありません。私は何度も流産して、本当にやっと神様からいただいた命なのに、もう少しでダメにするところでした。

コンプリメントは簡単ではありません。ほんとにまだまだ修行中です。でも皆さんもおっしゃるように、親としてどうあるべきか分かるようになり、愛情の伝え方、承認の言葉がどれほど大切なのかも分かるようになりました。子どもは発達障害の傾向がありますが、たくさんの未来の可能性の種蒔きをしています。

一進一退ですが、子どもが勉強しながら、または遊びながら、「俺ってこんなことできるんや、すげぇ」とつぶやいているのを見るとうれしくなるのです。「そういえばママ、この頃怒らんようになったな」と私を信頼してくれるようになっているのです。コンプリメントトレーニングで、親としてのあり方を学んでおります。

Case 19

希望校に入学するも緊張からの睡眠障害に

子どもは中学生の時に対人緊張から不登校へ。紆余《うよ》曲折を経て希望する進路に進むことができましたが、再度の緊張から睡眠障害で通学できなくなりました。「希望校に進学した今が最後のチャンスかもしれない。この子のためにできることは全部やろう」と決めて、道を探していた時に出会ったのが、コンプリメントトレーニングでした。

「褒めて育てる」「自主性を尊重する」「本人を認め、愛情を注ぐ」など、これまで精一杯やってきたつもりでしたが、一読して、今まで本人に伝わる形で「認める」「褒める」を表現してこなかったことに気付きました。コンプリメントは、とてもシンプルで分かりやすく、早速実践してみました。

最初は、褒めるところをなかなか見つけられませんでした。「…する力があるね」「お母さんうれしい」のコンプリメントの基本の言葉に抵抗もありました。この言葉を口にするのが困難でしたが、私自身がまず変わりました。常に本人の「できたこと」「気持ちのやさしさ」を探すようになりました。

今でも子どもの言動にムカッとすることがありますが、以前なら激しい言い合いになっていたのに、スルリとかわして本人の頑張りを認め伝えることができるようになりました。

コンプリメントと出会って二か月たった現在、子どもは睡眠障害克服には至りませんが、随分と起きていられるようになりました。アルバイトを自分で探してきて働き始め、同僚やお客様ときちんと接することができるようになりました。週一回の登校日も楽しく通学しています。学校や職場であったことを笑顔で話してくれます。

今どんどん自信の水が溜まっていっているような気がします。完全復学を目指して全力でサポートを続けます。挫折をすることがあっても、曲がりくねった道を歩きながらなんとか生きていけるように思います。

Case 20

母子登校を提案され、雪の日も雨の日も毎日一緒に通学。先が見えない日々に精神的にも体力的にも潰されてしまいそうでした

小学一年生の二学期始業式の日、学校に行ったはずの子どもが、突然泣いて帰ってきました。「学校に行きたくない。行けない」。活発で元気だった子どもが泣いて帰ってきたのです。思いもしなかったことなので、私は混乱しました。まだ学校に慣れていないだけで一時のことだろうと思っていましたが、ますます泣く日が多くなりました。

カウンセラーに母子登校を提案され、雪の日も雨の日も毎日毎日一緒に通いました。いつまでこれが続くのか、先が見えない日々に精神的にも体力的にも潰されてしまいそうでした。そんな時にコンプリメントトレーニングと出会いました。これだと思い、その日からコンプリメ

ントを始めました。

表面的な変化は見られましたが、登校に関しての変化はありませんでした。今まで、子どもに愛情をもっているつもりでしたが、それが子どもには伝わっていなかったのです。口に出して、目を見てちゃんと言葉に出して伝え続けること、その大切さを学びました。親に「あなたには力がある」と言われ続けた子どもは、本当に力を発揮できるのです。クラスメイトの何気ない一言で傷ついて、すぐ泣いていた子どもが、今は言い返す強さを持ちました。

「ママ、私はやればできる子だよ」

「くじけていたら、前には進めないよね」

「ママ、産んでくれてありがとう」

子どもから出てくる言葉も変わりました。私がいつも子どもにかけ続けた言葉です。コンプリメントを始める前より、子どもが一層元気になり、笑顔が増えています。コンプリメントトレーニングに出会っていなければ、こんな日が来るなんて想像もできませんでした。本当に感謝です。

三学期が始まりました。子どもは不安を口にしますが、私が共感とコンプリメントをすると、登校し元気に教室で過ごしています。

Case 21

海外への引っ越しが大きなストレスに。家族の生活のリズムも狂い、兄弟同士はいがみ合い、家族の団欒《だんらん》がなくなりました

主人の海外転勤に伴い、大きな引っ越しをしましたが、案の定我が子にとってそれは大きなストレスとなりました。

海外の学校でも登校はしていましたが、家族の生活のリズムも狂い、兄弟同士ストレス発散のいがみ合い。次から次へと問題が起こり、家族の団欒がなくなってしまいました。相談機関へも行きましたが、根本的な解決にはならず、困り果てた時にこのコンプリメントを思い出しました。早速読み直し、海外でもコンプリメントのトレーニングを受けられるか問い合わせたところ、そういう方も何人もいらっしゃって問題ないとのことでした。

そしてトレーニングを始めていくと、親を試すような無理難題を子どもがぶつけてきて、何度も挫折しそうになりましたが、その都度メール相談するとすぐに返事が返ってきて、それに支えられて続けられました。

一週間も過ぎると、子どもの様子が嘘のようにすっかり変わり、明るく前向きな話をよくするようになりました。ムッツリしていたのに、本当にたくさん話すようになりました。感情の起伏も減り、落ち着いてきました。魔法のようで信じられませんでした。私の言葉でこんなに大きな変化を起こすことができるのです。今まで何をやっていたのだろうと思いました。子育

てがうまくいかないと親は自分の過去の子育てや失敗のせいだと悩むことが多いと思いますが、「過去は捨てるのです、コンプリメントには不必要です」の一言です。これは、とてもありがたかったです。

十五日過ぎた頃には、口をきかなくなっていた兄弟も話し始め、あきらめかけていた家族の団欒が戻ってきました。以前、当たり前と思っていた団欒がこんなに大切なものだと分かりました。もちろん、新たな問題は起きてきますが、ドンと構えてコンプリメント、「大丈夫、よくなっていくよ」と自分に言い聞かせています。コンプリメントを続けていくと、その問題は何とかなっていくのです。コンプリメントトレーニングは、子どもの心のコップに自信の水を入れると同時に、親の考え方を変えるトレーニングです。

海外に引っ越したお子さんで、しばらくは日本に帰りたがって元気がなかったとか、結局うまくいかずに帰国した話なども聞きます。家族みんなが新生活となり、それぞれストレスを抱えている時、お互いに自信の水を入れてあげられる方法を知っていたら、こんなに心強いことはありません。国内はもちろん、海外在住の親子にも、子育てに有効な方法だと思います。最近、事件のニュースを見ていると、コンプリメントされていたらこういう事件は起きなかったかも、などと思ってしまいます。

Case 22

「どうせ私は嫌われている。死んじゃえばいいのでしょう」と突然大泣きしていた子が一年五か月間の不登校を克服

小学五年生、一年五か月間の不登校を克服しました。最初に異変を感じたのは、幼稚園年長の時でした。私が少し怒った時、「どうせ私は嫌われている。死んじゃえばいいのでしょう」と突然大泣きしました。誕生してからまだ五年目なのに、どうしてこんな思いをさせてしまったのだろうと、ショックを受けました。

小児専門の診療内科を受診し、プレイセラピーに通いましたが、診療方針が疑問だったため、早い段階でやめました。小学校へ入学後も欠席を繰り返し、不登校の予兆とも言える言動が多々ありましたが、どこに相談すればよいか分からないまま、四年生一学期から完全に不登校になりました。スクールカウンセラー、公的相談機関へ。そして心療内科を受診しました。最後の頼みの綱と期待した医師から、「低学年だったら子育てのやり直しを提案したのですが」と言われ、「じゃあ、どうしたらいいの？　もっと早くこの病院を受診すればよかった」と後悔ばかりしていました。そんな中、今年四月にコンプリメントトレーニングに出会いました。PTA研修会の講師からコンプリメントの紹介がありました。資料を取り寄せコンプリメントを始めると、子どもが変わってきたことを実感しました。「はっきりと変化がなくても、今はまだこの段階」と自分に言い聞かせ、頑張ることができました。

　また、「寝ても覚めてもコンプリメント」を意識し、「悩む時間があるのなら、一つでも多くのコンプリメントをする」と決め、一日六個以上を心がけると、十個以上できるようになりました。もちろん全てがヒットしていたとは言えませんが。夏休み終了間際、子どもの口から「前は真っ暗闇の遠くにいたけど、今は学校に行ける気持ちが八十%、もし学校へ行けたら何でもできる」と発言がありました。

　学校の壁をタッチできるようになり、十月の運動会に参加でき、十日後「自分で行く」と決め、その日から毎日元気に登校しています。コンプリメントは、本当に奥が深いです。正直、自分のものにできるまで体力的に大変でした。どれだけ疲れていても「毎日続ける」ことを実践し、子どもの前では明るく笑顔を心がけました。一息つけるのは布団に入った時だけでした。十年分の子育てを、半年でやり直した気分です。

　また、たくさんの気付きがありました。不登校を克服できた子どもは、苦手なことにも挑戦し、どんどん自信をつけています。すでに、自分でコップに水を入れられるようになっていま す。自己を否定的にとらえてきた思考回路が、ポジティブに変わりました。私自身も変わりました。親として自信がつき、これから先の自分自身の将来も楽しみなのです。

「不登校は、通過点に過ぎない」「不登校する子は親孝行」です。不登校してくれたからこそ、今があります。明るい未来があります。毎日元気に「行ってきます！」と笑顔で手を振ってくれる子どもの姿は、夢のようです。

Case 23

心が自信の水で満たされていれば、勇気をもって生きていける

小学校低学年の子どもが学校に行きたがらなくなりました。様々な情報を集める中で、コンプリメントトレーニングの存在を知りました。幼稚園の時も嫌々通っていた経緯があり、集団行動がもともと苦手な性格なのだろうと思い、できればホームスクールで育てたいと長らく考えていました。

コンプリメントは「学校に登校させる」というのを目標にしている内容なので、ホームスクールを検討している方にとっては、正反対な内容と思われるかも知れません。そもそも「学校に通わせるべきか否か」「学校での集団教育とホームスクールとではどちらが優れているか？」という議論は、全く別の次元で行われるべきだと気付きました。コンプリメントは「登校」という物理的な状況云々よりも、育児あるいは人間形成についての最も深い部分を教えてくれました。内容をシンプルに伝えるならば、家族や周囲の人間が愛情を与え、本当の自信をつけさせるということでしょうか。

心が自信の水で満たされていれば、どんな状況の下でも勇気をもって振る舞え、自分の頭で考え、自分なりの妥協点を見つけながら生きていけると思います。一般的な学校だろうが、フリースクールだろうが、ホームスクールだろうが、就職だろうが、放浪だろうが、それらのものは単に本人の趣向に合わせた単なる選択肢であるべきで、それらを自由に選択するには、や

はり自己がきちんと確立していないとダメだと思いました。

そして、人間が自己を確立するというのには、周囲の愛情が絶対に不可欠であるのです。「子どもが不登校で心配だ」という気持ちがある人であれば誰でも、本人に自信をつけてあげられる存在になれます。そしてそれが本人にとって近い存在（血のつながった親や、育ての親、家族、友人、先生等）であればあるほど、愛情を受け取った際のうれしさ（＝自信への確信）が強まると思います。

そして私は、「自分の子どもにとっては、親としての私が一番近い存在である」と絶対の自信をもって言えるのです。私のこの自信、そして愛情を子どもに伝えていけばいいのだと気付きました。

Case 24

子育てはこんなにも重要なことなのに何一つ習っていない、知識もない

子どもの登園渋りに悩み、コンプリメントを始めました。子育てはこんなにも重要なことなのに何一つ習っていない、知識もない、核家族で育児している、誰かに客観的に見てほしいと思っていたからでした。子育てのトレーニングを受けたかったのです。

コンプリメントは、割とすんなりできるようになりました。園児なので接する時間も多く、声がかけやすいのもありました。そして、大切なことが分かりました。私は子どもの言ってい

ることを大切にするあまり、幼児の子どもに操作されていたのです。

コンプリメントで、子どもはかなり自立しました。登園渋りは数日で解消。二学期も初日から問題ありません。そして、なかなか着替えないことが本当に悩みだったのですが、今は自分で服を出してパッと着て、誇らしげに見せに来ます。感動します。手伝いも増えましたし、全体的に明るくなっています。何より不思議なのは、テレビをほとんど見なくなったことです。コンプリメントの成果には間違いないですが、メカニズムは分かりません。私もそこまで厳しく禁止していませんが、とにかく見ようとしません。

もちろん、周りから称賛されるような子になったわけではないです。まだまだ、自信の水が減っていることも多々あります。何よりコップがまだまだ小さいです。私もイライラすることもあります。ですが、自分の育児の指標ができたことは間違いありませんし、子どもは本当に成長しました。コンプリメントのトレーニングは、子育てのヒントを手がかりに自分で試行錯誤して考え、苦労して進むものでした。

コンプリメントをすると、子どもには自信の水が溜まり、母親には母性の泉が湧いてきます。コンプリメントトレーニングは、分かりやすいハウツーなのですが、それだけではない、本当に奥が深いのです。

Case 25

登校渋りを含めると約二年の不登校

二学期初日に小六の子どもは登校しました。登校渋りを含めると約二年の不登校でした。コンプリメントトレーニングを始めるまで、私も他の方と同じように、市の相談、小児科、不登校解決DVDなどを試しましたが…。私の何かがいけないのか、何をどうしたらいいのか、と思い悩んでいました。そんな時コンプリメントトレーニングに巡り合いました。コンプリメントを続け紆余曲折をしながら、開始九十日ごろから登校を始めました。電子機器の制限だけではだめでした。あと一歩のところで停滞してしまいました。最初は登校しても給食のみで、私もずっと付き添っていました。

子どもは、ゲームセンターのゲームにのめり込んでおり、その関係の友達もいました。制限や禁止をすれば友達関係はどうなるのか、仲間はずれにされてなおさら学校が嫌にならないのかと悩みました。このままでは何も変わらないと思い、電子機器の禁止を決断しました。制限の時も、禁止の時も、暴れこそしませんでしたが泣きわめきました。私も泣きながらコンプリメントで話し続けました。すると、数時間後にはつきものが落ちたように、素直で穏やかな子どもになりました。

一進一退しながら夏休みへ。夏休みは、とにかく共感、シャワーのようにコンプリメント共同作業もたくさんしました。プール、旅行、サイクリング、卓球、ボウリングなど。うちは母子家庭で、時間、体力、精神面できついこともたくさんありました。しかし、「一つひとつがこの子にとって薬なのだ」と、自分に言い聞かせてやってきました。

徐々に、私に対する態度がやさしくなり、穏やかな日が増えました。そして、二学期初日、五時半に目覚ましをかけ、テキパキと用意し、この日はずいぶん早くに家を出て「学校に着いたら何しようかなあ。ドリルしようかなあ」と言っていました。今までとは違う何か楽しそうな様子だけで、今は充分と思えます。「共感、共同作業、コンプリメントのシャワーで二学期に間に合う可能性はあります」というアドバイスが本当になりました。これからもきっと一進一退でスムーズにはいかないと思いますが、継続こそ力なりで頑張ります。

Case 26 頭痛、微熱、腹痛などの身体症状、それをきっかけに不登校

去年十一月頃に、小学三年の子どもに頭痛、微熱、腹痛などの身体症状が出ました。それをきっかけに休み始めました。

小児科の先生には「たいへん疲れている。習い事など無理をしていないか？」と指摘を受けました。子どもは何も習い事はしていなかったのです。お友達にちょっかいを出されて、それがストレスになっているようでした。いじめというひどいレベルのものではありませんでした。「秋の学習発表会前でいろいろ大変だったかな」とも思われましたが、全員が登校を渋るわけ

ではないと悩みました。

そんな中でコンプリメントトレーニングに出会いました。「自信の水」がストンと腑《ふ》に落ち、私はこの方向で行きたいと思いました。

コンプリメントを始めると、すぐに甘えが出て育ち直しを始めました。おんぶしてもらいたがる、自分をバブちゃんと言って幼い言葉遣いで話すなどの幼い言動が出始める行動に、なるほどと思いました。風呂に入る前には服を脱がしてもらいたがり、五歳下の幼稚園児の娘がお姉さんになり、やさしく世話を焼いたりもしていました。大変でしたが、親子のふれあいのような気がして、楽しくもありました。今までとってもやさしいお兄ちゃんだったので、妹もお返ししていると思ったのを覚えています。

幼くなった兄をそのまま受け入れ、接した娘の姿に考えさせられもしました。コンプリメントは、そう簡単でもなかったのですが、頑張れました。生活全体がコンプリメントになるように、親の意識が変わっていったと思います。例えば、これまで仕事で忙しい夫が、何か楽しい時間を共有することはないか考えに考えて、カラオケや公園でのマラソン練習、土手での芝すべりなど、なるべく体を動かして一緒に楽しむようになりました。家族の歯車がかみ合ってきたのです。工夫すれば、こんなにも楽しみを増やせる、とそれまでのことを反省しました。

「三学期は全然休まないようにする」と自ら宣言し、そのとおりになりました。四年生になる時も、「一年間休まないようにしたい」と言い、まもなく一学期を休みなしで終了です。

体調を崩すきっかけの一つだった、ちょっかいを出してくる友達には、「やめて」と言い返しができるようになり、しつこい子には頭突きで応戦し、「やられなくなった」「仲良くなって縄跳びを教えてもらった」そうです。

今にして思えば、忘れ物が多いのでうるさく言う私が「自信の水」を減らしていたことに気付きました。学校では手を上げて発言もし、授業に前向きに取り組めているのですから、これで十分と思えます。

相変わらず忘れ物は多いですが、今は言わないようにしています。宿題も、やったかどうか、しっかりやっているかどうかにはあまりこだわらないようになりました。

Case 27

「電車に乗ると呼吸が苦しくなる」、心療内科へ。起立性調節障害も調べました

子どもが高校一年生で突然不登校になり、担任の先生や教育相談所、教育委員会などに相談しましたが、結局、通信制高校に転校しました。けれども、そこでも不登校になってしまいました。病院のカウンセリングに通い始めました。

二か月ほどで「学校に行ってみる」と言い出したので喜んだのですが、そううまくはいきませんでした。突然行ったり、休んだりの繰り返しで、全く心が休まらない日々で私自身がおか

しくなりそうでした。

「電車に乗ると呼吸が苦しくなる」と言うので心療内科へも行き、起立性調節障害も調べました。調子が悪くなるとカウンセリングに行ってまた登校する、ということが続きました。

「子どもは変わっていないのではないか？」

「このまま一生カウンセリングに頼って生きていかなければならないのか？」

「たまに行く一時間半くらいのカウンセリングよりも、毎日一緒に住んでいる私にもっとできることがあるのではないか？」

「もう、あいさつ以外、子どもに何をしゃべっていいのか分からない。一体何をしゃべればいいのか？」

と考えていました。

そんな時にコンプリメントトレーニングに出会いました。病院で「本人に自信がない」と言われていたので、コンプリメントの「自信の水を溜める」がストンと腑に落ちました。コンプリメントを始めると、子どもがうれしそうでした。

最初はコンプリメントをなかなか言えず、試行錯誤の連続でした。人間、言い慣れないことはなかなか言えないもので、「どうして自分はこんなにも言えないのか？」と悩み、「そうだ、日本語ではなく、英語だと思えばよいのではないか」と考えました。

英語（外国語）のように「とっさの一言が言えるようになればいいのでは？」と思いつき、

単語カードに例文を書いてしょっちゅう見るようにしました。また口の筋肉を動かせるように、例文の「お母さんうれしい」と「…の力がある」を何度も音読しました。

そうすると、一日六個言えるようになりました。それとともに、子どもがやさしくなってきたように感じました。登校も波はありましたが、段々と良い方向に向かいました。今年の春には、行きたかった高校の転入試験に合格して、今は元気に通っております。コンプリメントの「～の力がある」と「お母さんうれしい」は、私自身も言われたらうれしいなあと素直に思いますし、言っている自分も幸せな気分になります。また、子どもだけでなく、他の家族や周囲の方々に対しても「この人の良いところはどこだろう？」と探す良いクセがついてきていると感じています。

Case 28

起立性調節障害と診断され不登校に。めまいがひどく電車にも乗れません。眠れない、起きられない毎日

一年前の五月、高一の娘が起立性調節障害と診断され、登校ができなくなりました。めまいがひどく、乗り物酔いのため電車にも乗れませんでした。眠れない、そして起きられない。そんな毎日、娘も私も家族もどうしたらよいか分からない日々でした。ネット検索していてコンプリメントトレーニングに出会い、開始しました。一年後のこの春、通信制の高校に転入試験

を受け、合格し、新たなスタートを切りました。

転入して、約二か月、スクーリングを欠席することなくきちんと受け、自宅でのリポートもコツコツこなして期限内に提出しています。

起立性調節障害の症状も回復傾向にあり、血圧を上げる昇圧剤は服用していますが、睡眠を補助する薬は飲まなくても眠れるようになりました。今は毎朝六時半に起きて、夜は九時半に寝ています。今週になり、電車で登下校ができました。

登校して半年、起立性調節障害による血圧低下の症状はほとんどなくなり、医師から昇圧剤が不要と言われました。

高校生活では、「後期生徒会の役員に立候補してきた」と、ハツラツとしています。まだ、めまいを訴える日もありますが、生徒会の活動とサークル活動もしながら、日々高校生活を楽しんでいます。自信の水を入れるコップを、自らで確実に大きくしているように感じます。

子どもは、来年度の予定や、大学進学を視野に入れた具体的な話をするようになりました。まだ体力に自信はないので、「受験勉強を乗り切るのは辛い。推薦をもらえるように勉強を頑張りたい」と話しています。自分自身の体力や、精神的状況を把握して、できることから始めたいと話しています。

医師からは「睡眠と血圧に関してはもう問題はない」との診断をいただきました。現在処方されている薬は、胃腸の調子を整える作用のある漢方薬一種類のみとなりました。登校を再開して一年間は不登校と同じ状態、生まれ変わるのは三年後との言葉を肝に銘じて、コンプリメントを続けていくつもりです。

Case 29 「一番頑張っているのは母さんだ」。コンプリメントされる側の気持ちがよく分かりました

コンプリメントトレーニングの目標は、自信の水を入れ続けられる家庭環境と未来の可能性の種蒔き。五分後、一年後、十年後、二十年後に発芽する種蒔きとなります。コンプリメントは、不登校の人に限らず、子育て中の皆さんに必要なことだと思いました。

コンプリメントをかけ始めて十日ほどたった頃、突然、子どもが「一番頑張っているのは母さんだ。だって夜は遅くに寝て、次の日は朝早く起きて書き物したりいろいろ仕事したりしているから」と逆にコンプリメントをかけられたのです。これには驚きました。この体験はとても貴重でした。コンプリメントの大切さを親が体験できたのです。私の心のコップに、自信の水がとくとくと注がれた気がしました。この体験でコンプリメントされる側の気持ちがよく分かりました。こんなにも力がみなぎり、そしてその言葉がいつまでも消えずに心と全身に行き渡っていくものだというのを実感しました。しかも身内から言われるのがこんなにもうれしいのです。コンプリメントは、本当に全身に速攻で効く心の栄養だと実感しました。子育てに悩

んだら、とにかくコンプリメントだと思います。

Case 30 「起立性調節障害」と診断され、病院の先生には「高校生まで治らない」と言われました

昨年九月の末、中二の子どもが頭痛とだるさを訴え、いろいろな病院を巡り診察を受けました。一か月後、「起立性調節障害」と診断されました。病院の先生には「高校生まで治らない。遅刻してもいいから、行ける時に学校に行けばいい」と言われました。病名も分かり、薬も処方され、これで治ると思ったのもつかの間、不登校になってしまいました。突然の不登校にどうしていいのか分からず、毎日悩み、私も鬱《うつ》状態になりかけました。

そんな時、ネット検索でコンプリメントトレーニングに出会いました。「不登校の子は自信の水がなくなっている」。その言葉が、以前から自分のことが嫌いと言っていた子どもにピッタリ当てはまり、すぐにコンプリメントを始めました。「コンプリメントは褒めること」。私も最初はそう思いました。

主人がゲームばかりする子どもに怒った時、険悪な空気になってしまいました。私は、主人が怒ったことが間違った行動だと思っていたのですが、コンプリメントはダメなことはダメと、叱っても大丈夫とのことでした。正直驚きました。コンプリメントはコンプリメント、躾《しつけ》は躾

なのです。褒めるだけではないのです。

毎日のコンプリメント、子どもの観察、ゲーム制限等、正直大変でした。変化がなく、むしろ悪化の日もあり、本当に続けて意味があるのか？と思う日もありました。

コンプリメント開始四十五日目で、遅刻しましたがついに登校してくれました。その後も遅刻しながらも、学校に行っています。現在、コンプリメント開始八十三日。

先日、子どもに、「自分のことが今も嫌いか？」と聞いてみました。子どもの答えは「普通」でした。私は、登校してくれたこともうれしかったのですが、自分を以前より好きになってくれていることが本当にうれしかったです。

Case 31

相談機関では、「学校だけが全てじゃない」と言われ、病院では「こんなにこだわりが強かったら学校はあきらめたほうがいい」と言われました

子どもは小一から不登校で発達障害の診断を受けました。以後様々な相談機関や病院に相談しました。相談機関では、「学校だけが全てじゃないし、動き出すまで待ちましょう」と言われ、病院では「こんなにこだわりが強かったら学校はあきらめたほうがいい」と言われました。

コンプリメントトレーニングに出会うまでは、子どものパニックもひどく、家族も巻き込まれ、私は鬱状態でした。寝る前に「このまま寝て明日の朝目覚めなくてもいいや」とまで追い

込まれていました。

三か月前、たまたまネットでコンプリメントトレーニングを見つけ、直感的に「これだ」と思い、すぐにコンプリメントを始めました。

あれだけパニックがひどかった子どもが、穏やかになりました。家族が明るくなり、影響を受けていた兄弟も元気になっています。コンプリメントを始めてからは適応指導教室にも通えるようになりました。拒否していた病院での受診もでき、放課後学校で過ごせるまでになりました。しかも先日「学校楽しかった」と言いました。学校は臭くてうるさくて何一つよいことがないと言っていた子どもの口から、そんな言葉が出るなんてと驚きました。

子どもは長期不登校なので長期戦になる覚悟はしていますが、これからもコンプリメントを続けていきたいです。私も子どももコンプリメントトレーニングに救われました。

Case 32
民間の支援センターのトレーニングも受けました。それは費用も高く、何の効果もなく、ただ子どもを苦しめるだけでした

子どもが不登校になってから、本当にいろいろな機関に相談しましたが、どこも「子どもを見守る」というアドバイスだけで、具体的にどうすればよいのか分かりませんでした。学校も同じです。本気で向き合ってくれませんでした。欠席して家で過ごすことで子どもが元気に

なっているので、ついついこのままで良いのではと思っていました。しかし、何かおかしいのでは、と思っていた時にコンプリメントトレーニングを知りました。

発達の問題も見つかって、様々なところに相談に行きました。民間の支援センターの「自信をもって百%再登校するようになります」というようなトレーニングも受けました。それは費用も高く、何の効果もなく、ただ子どもを苦しめるだけでした。

コンプリメントで、親が本気で子どもと向き合うしかないのだと実感しました。本気で向き合えば、必ず子どもが心を開くのだと思います。これまで、自分がいかに周りに流されていたのか分かりました。きちんと向き合って育てていたつもりですが、「今の時代だから仕方ない」とあきらめていたことを思い知りました。

本当に子どものためになるのはどのようなことなのか。今の世の中は本当に子育ての難しい時代ですが、コンプリメントを知って、私は初めて安心して子どもに向き合えました。私が変わることで子どもが大きく変わってきています。

急激に赤ちゃん返りした子どもにどう接してよいのか分からなかった時も、どの子もみんな通ってきた道と知り、安心して向き合えましたし、親が思っていた以上にインターネットにはまり込んでいた子どもに、勇気を出して切り離しさせようと決意できたのも、コンプリメントトレーニングをしていたからです。特にネットの遮断は勇気がいります。ブログやメルマガの言葉は本当に心強いもので助かりました。

コンプリメントを始めたばかりで、子どもはまだ不登校ですが、明らかに元気になってきていますし、私との関係も良くなっています。

Case 33　私が鬱になり、長いこと子どもにたくさんの我慢をさせてきました

小六の母です。小五の九月下旬より登校渋りが始まり、十月はほぼ不登校でした。十月からコンプリメントを始めました。今は、保健室に行くことができ始め、教室に戻れる希望が出てきました！

私が鬱になり、長いこと子どもにたくさんの我慢をさせてきました。私の鬱がよくなっていくのと入れ違いで、子どもが不調になっていきました。勉強もスポーツもできて、良い子どもで弱音を吐くこともできず、ずっと辛かったと思います。小五の子どもが、私に対する不満に始まり、夫に当たり散らしたり、年の離れた弟にキツくなったり。「学校なんて一生行かない、誰にも会わない、誰も私の気持ちは分からない、苦しい」と泣き叫んでいました。

学校に行きたくない、そして早退・欠席・不登校と急降下しました。いろんなところに相談に行ったり、本を読んだりしました。そんな時にコンプリメントトレーニングに出会いました。

コンプリメントを始めてみると、まさにこれだ！という感じでした。ネガティブな私の思考回路も変わってきました。コンプリメントに出会い、子どもを育てるのは他でもない母である私なのだ！と、ようやく目が覚めました。

「辛いと嘆いてばかりの私の人生に、不登校というさらなる不幸」と嘆いていました。しかし、今では、これは嘆きではなく、子育てをやり直す時間、そして子どもとの絆を取り戻す幸運が与えられたのだと、感謝の気持ちでいっぱいになりました。

六年生の新学期、コンプリメント百五十六日目、半年ぶりに教室に入ることができました。一時間目に参加しただけでしたが、久しぶり同級生と授業を受けたことで自信がついてきたようです。今週からはなんと通学班で登校を開始しました。

自信の水を使い果たすと、親に対する反発、暴言が続き大荒れになります。親を試していたのだと思います。こんな時は勉強も登校もストップしました。私も何度も投げ出しそうになりましたが、シャワーのようなコンプリメントをして乗り越えました。

今も一進一退しながら前に進んでいます。幼かった言動も年相応になってきましたが、まだまだ急に甘えてくることもあります。

Case 34 何かに取りつかれたような恐ろしい目つきで「おまえなんか消えろ!」と怒鳴ったり物を壊したり。我が家は完全崩壊

コンプリメントトレーニングに出会うまで、これからどう進んでいったらいいのか、ここまで崩壊した家族が元に戻るのか。先行き見えぬ不安に押し潰されそうな日々でした。

小五の子どもが六月から登校渋りへ。中一の子どもが九月中旬から部活のプレッシャーに負け、プツリと緊張の糸が切れたように学校へ行けなくなりました。コンプリメントを開始しました。二人の子に二十日ほど言葉がけをしていてもよい変化が見られず、ゲームの切り離しをしました。しかし、本当に何かに取りつかれたように、目つきが恐ろしくなりました。「返せ！　おまえなんか消えろ！」などと怒鳴ったり、暴言を吐いたり、物を壊したり。正直、もう我が家は完全崩壊かと思うほど苦しかったのです。しかし、「ゲーム断ちは暴れるのを覚悟」とあったので信じて待ち、ひたすらコンプリメントしました。ゲームの代わりになるトランプや家族が顔を合わせるボードゲーム等で一家団欒を行いました。

そうすると、嘘のように穏やかになり、笑顔が増えました。子どもたちの心も、以前のような穏やかさが戻ってきました。むしろ、以前より勉強にも取り組み、家族の団欒も増えました。甘えてきたり、暴言を吐いたりしますが、学校へ行くという日が増えてきました。登校できた喜びもつかの間、すぐ自信の水を使い果たし、疲れきってその後一週間休むという繰り返しが続きました。どうやったら継続登校できるかを話し合い、少しずつ乗り越えられる目標をつくりました。それでも一進一退でしたが、先月から、全部登校できる日が続いてきました。

今朝も、前夜暴言を吐き、「明日は絶対行かないから」と言っていたのに、突然起きて「あと二十分で出るから」と部活へ向かった子どもです。弟も心臓病の持病がありますが、持久走大会に参加し、登校するに至りました。私まで、心が晴れ晴れとした気持ちになりました。

Case 35

「鉛筆を持つ筋肉を鍛えることから始めましょう」のアドバイスから一年半。ここまで勉強する子になりました

小四です。コンプリメントトレーニングの最後の頃は…国算理社は教室、体育は見学、図工と音楽は時々参加、書写・図工は別室、給食も別室で。これは、三学期もほぼ変わりありませんでした。学校でも家庭でも後退したと感じることはありません。相変わらずゆっくりしたペースですが、確実に心のコップは大きく強くなってきています。この三学期は、子どもにとっても私にとっても試練とも言える出来事がいくつかありました。

「私なら対処できる。自分を信じて動こう」と自分に言い聞かせるしかありませんでした。ですが、助けてくれたのは子どもでした。

一人で寝るようになり、自分から歯を磨き、言われなくても宿題をやっていました。宿題のない春休みは「都道府県の漢字を忘れちゃうから完璧にするのだ」と毎日自主勉強をしています。「鉛筆を持つ筋肉を鍛えることから始めましょう」とアドバイスをいただいて、一年半ほどたっています。ここまで勉強する子になりました。ゆっくり時間をかけられたのは、小学生だからですね。

今は、毎日のコンプリメントと「大変だね」の共感と「ドンと構えること」と、多少の負荷で心のコップを育てています。当然、道徳心のインプットも大切にしています。

◎これら三十五の事例は、数百に上る解決例の一部です。時間の長短はありますが、ほとんどの事例が解決しています。

第2章

自信の水不足の様々な身体症状

自信の水不足は子どもに様々な身体症状を引き起こし順当な成長を妨げる

子どもの体は、自信の水不足になれば身体症状のサインを出します。身体症状の中には、およそ自信の水不足と結びつくとは考えられないようなものもあります。ただ、自信の水不足のサインを出すことができない子もいるのです。

自信の水不足で順当な成長を妨げられた身体症状は、子ども時代に出なくても、大人になって出ることもあります。何か自信がない、人と自分を比べてしまう、少しのことで不安になり悲観してしまうというような性格特性も身体症状でしょう。また、年老いて出ることもあるのです。順風満帆に思える人生を送りながら、還暦を過ぎて家族との関係に悩む方もいますし、社会的地位のある仕事をしていたにもかかわらず晩年はアルコールに依存している方もいます。このような人たちの成育歴を見ていくと、幼い頃の育てられ方に起因するものがあるように思われてなりません。どこか順当な成長ができなかったところが見え隠れするのです。

自信の水不足における身体症状の予兆

心のコップの自信の水不足には、予兆があります。「自信の水不足が始まるぞ」との親への警告です。

子どもの「笑顔が減った」とか「イライラしている」「兄弟喧嘩《げんか》が目につく」「食欲不振が続く」とか、いつもと異なる子どもの気になる様子、「あれ?」「おや?」が続くようでしたら、自信の水が不足し始めている予兆です。予兆の現れ方も様々です。軽い皮膚炎などの身体症状から「雰囲気」のようなものもあります。縄跳びの縄を首に巻いて首を吊る仕草を親に見せる子もいます。自殺願望の強い高校生のケースでは、首にロープが擦れた跡を見えるようにしていたこともありました。これも予兆かもしれません。この子は、コンプリメントを始めてから「死にたい気持ちを忘れた」と言い始めました。

「予兆」に気付けば、シャワーのようにコンプリメントをします。こうすれば自信の水を大きく減らすことにはつながりません。コンプリメントには副作用もありませんから、かけ過ぎて困ることもありません。無理な要求でなければ、それを受け入れてあげることも自信の水を入れることにつながります。ただし、愛情と承認の込められていない間違ったコンプリメントでは、何の効果も出ません。かえって自信の水を減らすことになります。

心のコップが小さく、自信の水が少ししか溜《た》められない

予兆が出るのは、子どもの心のコップが小さく、自信の水が少ししか溜められないからです。あるいは、自信の水を入れてあげられる家庭環境になっていないからなのです。ですから、常に子どもの心の自信の水の量は、不安定な状態です。順当な成長が妨げられていることも考えられます。

幼い子どもでしたら、片時も親から離れられない、一人で動けない場合は、自信の水不足の予兆と考えられます。例えば、子ども一人でトイレに行くことができず、必ず親と一緒に行こうとします。自宅のトイレではドアの前で親が待ち、外出先のトイレでは一緒にトイレの中まで入っていくことになります。

コンプリメントを始めると、「一緒にトイレに行こう」と言うことが減り始めます。自信の水が溜まるとともに、一人でトイレに行けるようになるのです。

Case 36

宿題にものすごく時間がかかり、偏食がひどくなる

水不足の予兆だったかもしれませんが、宿題にものすごく時間がかかるようになりました。毎日のように「宿題が嫌だ。学校が嫌だ」と言い出しました。その頃から、それまで食べられていたものが食べられなくなりました。また、食後すぐに「お腹がすいた」を繰り返します。最初はワガママだと思っていましたが、好物にも苦虫をかみ潰したような顔をし始めました。何をつくってもマズイと言い、偏食がひどくなりました。摂食障害の始まりかと不安になりました。また、夕方になると人が変わったように荒れ始め、八つ当たりがひどくなりました。その言動を叱ると、その場でキャーッと叫び続けました。

シャワーのようなコンプリメントを何日も続けると自信の水が溜まってきたのか、とても心が安定してきました。それとともに、バランスよく食べるようになりました。毎日のコンプリメントを今も続けています。コンプリメントを知っていなかったらと考えるだけで怖くなります。

我が家では、幼い頃からゲームをもたせず、テレビの時間も制限しています。本を読んだりアナログゲームをしたりして育ててきました。電子機器を自由に使わせていたらどのようになっていたか。おそらく私の過干渉が、自信の水のコップを小さくしてしまったと思います。

子どもの心の自信の水不足による様々な身体症状

自信の水不足による子どもの身体症状は、親子の信頼関係が崩れ、親からの自信の水が子どもの心に届かなくなっているサインです。これまでの五年間に見られた子どもの身体症状を整理してみます。

身体の症状として…じんましん、頻尿、夜尿、癇癪《かんしゃく》、嘔吐《おうと》、チック、瞬きの多さ、長引く咳《せき》、爪かみ、入浴困難、突然の脱力、腹痛、下痢、パニック、首や頭皮をかきむしる、起立性調節障害、腹痛、過食。

感覚の症状として…薬も飲めない食感、臭《にお》いや感触の感覚過敏、聴覚過敏、感情をコントロールできなくて泣き叫ぶ、いつもイライラ、暗闇への不安、心因性の視力障害。

行動の症状として…不登校、電子機器依存、対人恐怖、学習意欲の不足、兄弟喧嘩《げんか》、いじめ、親への家庭内暴力、家庭内窃盗《せっとう》、徘徊《はいかい》、自傷行為、暴言・暴力等反社会的な言動。

子どもたちの多くは、不登校の他に、これら複数の身体症状をも抱えています。

Comment 1

一番悩まされたのが「幻嗅《げんきゅう》」でした

トレーニングを受ける前の子どもの自信の水不足による身体症状はたくさんありましたが、一番悩まされたのが「幻嗅」でした。「幻嗅」とは「自分自身が周りに悪臭を放っている」と思い込む症状です。

子どもは、毎朝、制服がびしゃびしゃになるくらい消臭スプレーをしていました。それでも不安なのか、市販の消臭スプレーでは満足できずに、ネットで特別な消臭スプレーを取り寄せていました。それでもまだ満足できなくて、制服を一式買い換えました。しかし二、三日後にはまた「私は臭《くさ》い！」と毎日泣きわめいていました。

自分自身が臭いから、人混みに出られず、バスにも乗れず、スーパーにも行けず、参観日など大きな行事は欠席していました。もちろん、幻嗅による登校渋りも毎日ありました。何とか子どもを救いたいと、コンプリメントトレーニングを始めました。

「臭《にお》いのことは話題にしない。本人が訴えてきても『大変だね』と共感だけにする」と支援を受けました。あとは普段のコンプリメントをしっかりとして、子どもの心を自信の水で満たすことに努力することにしました。

コンプリメントトレーニングを信じてアドバイスどおりに子どもに接していると、何と三十五日で幻嗅がなくなりました！　自信の水はすごい効果があります。信じられないと思いますが、これは本当なのです。

Comment 2 皮膚の炎症

皮膚炎、膝・肘の裏の湿疹《しっしん》がひどく、いつもボリボリと血が出るまでかいていました。口角炎で常に口角が切れていました。顔のかゆみと肌荒れがありました。常に薬を塗っている状態でしたが、コンプリメントを始めて、徐々に症状は軽減し、百日目あたりには、ほとんど気にならなくなりました。登校を始めてからは、これらはすっかりきれいになりました。

時々イライラしているなど、自信の水不足の予兆かなと思うと、やはり肌の調子も悪くなります。自信の水不足と関係あるのかは分かりませんが、コンプリメントトレーニングとともに変化してきたのです。

Comment 3 手のひらの多汗と肌荒れ、皮膚がガサガサ

子どもは手のひらに汗をかきます。ひどい時には手のひらに水疱《すいほう》や汗疹《かんしん》（あせも）ができ、皮膚がガサガサになり、指先の皮膚がパックリと割れていました。手のひらの汗が腕を伝って流れ、ぽたぽた落ちていくこともありました。手の皮も、年に数回むけていました。

小学四年生の後半から手の汗がひどくなり始め、五年生にはピークでした。五年生の春に極端に食欲がなくなり、秋に登校渋り、二月に完全不登校になりました。六年生では、五年生の時ほどではないものの、汗疹や皮膚のひび割れなどがありました。

コンプリメントトレーニングで六年生の終わり頃に再登校を始めました。中一になると汗疹と手のひらの皮はむけるものの、汗が前年よりも少なくなり、腕を伝って流れるようなことはなくなりました。今年（中２）はまだ皮はむけていませんし、今のところ痒みも出ていないようです。昨年よりも手の汗を拭いている回数が少ないのです。

コンプリメントトレーニングの時期と一致しますので報告しました。

Comment 4　パニック障害・不安障害と恐怖障害の合併症

小六の子どもです。去年八月の夏休み後半、突然の過呼吸と手足の硬直、身体の震えを訴え、児童精神科を受診しました。診断は、パニック障害、不安障害、恐怖障害の合併症でした。とにかくゆっくりと行動療法で治療していきますとのことでした。

外へ出ること、入浴すること、バスや電車に乗ること等、今までできていたことが全てできなくなってしまいました。笑顔も口数も少なくなってしまいました。不安からくる激しい胸と胃の痛み。そんな中でも行動療法を続けていくと、状態は軽くなりました。大好きな学校へは、遅刻はしても休まず登校していました。

上向きだった状態が一変したのは、二月上旬のことです。よくなっていたのですが、元に戻ってしまい、全く登校できなくなりました。外へ出ることもできなくなってしまい、あんなに大好きだった学校に登校できなくなったのです。「登校できないのは、お前たち親のせいだ。友達とも遊べない、習い事にも行けない」と暴言を吐きます。襲ってくる激しい胃の痛みに大暴れする毎日が続きました。

途方に暮れていた時、コンプリメントトレーニングに出会いました。

開始して二十日目でした。全く外に出られなかった子どもから、「放課後宿題を届けに学校へ行くから、一緒に来て」と耳を疑う一言が出たのです。すっかり自信をなくしていた子どもにコンプリメントが効いてきたのだと確信した一瞬でした。

その後、放課後の教室登校、六時間目からの登校。朝から登校はまだできていませんが、四十四日目の今日現在、できなかったことの半分以上をクリアし、胃の痛みも自分でコントロールしながら挑戦する意欲が湧いてきています。「継続は力なり」と毎日念じながら、コンプリメントで子どもの心に自信の水を入れる子育てを続けています。

Comment 5 朝は大泣きし、登園を嫌がる

子どもが毎朝幼稚園に行くのを嫌がって、休みがちになっていました。コンプリメントトレーニングを始めました。その日から、確かに朝行き渋りはするものの休むことはなくなりました。一か月ほどたった今では、風邪以外で休むことはなくなりました。たまに朝に行き渋っても、ハグしてコンプリメントをかけると、すんなり行ってくれるようになりました！

これまでと変えたところは、コンプリメントを実践したことだけです。効果があったと断言できます。ここ数か月の間は、朝は大泣きし、体を張って抵抗していました。コンプリメントをしたら、幼稚園に毎日行きますし、あの朝の状態はなくなりました。本当にありえないくらいの変化です。コンプリメントして、自信の水を心に満たすことの大切さが、身にしみて分かりました。

救い出すのが最も難しい電子機器への依存

電子機器への依存は、自信の水不足の身体症状の一つです。電子麻薬ともいえる電子機器への依存から子どもを救い出すことは、最も難しく時間がかかります。電子機器に依存していると、親との信頼関係が壊れてしまっています。自信の水を入れようとしても、聞く耳をもちません。親のコンプリメントも雑音にしか聞こえないのです。また、子どもの生活が昼夜逆転で電子機器三昧ですから、コンプリメントする内容（良さ＝リソース）が見つかりません。中にはゲームをしている部屋まで食事を運ぶ召使いのような親もいます。このような親は子どもに操られ、信頼もありません。信頼していない親からのコンプリントは、自信の水とはなりません。

電子機器は、親が制限や禁止をしてあげるのです。子どもの力では難しいのです。制限か禁止をしなければ、コンプリメントが効きにくいのです。自分で電子機器の使用時間をコントロールできるようになれば任せます。永遠に禁止なんてことはできません。電子機器の制限と禁止は、コンプリメントで子どもが心を開いた時に話し合って約束して実行します。子どもは心を開いていれば約束を守ります。

Comment 6 眠れないという言葉が頻繁に出始め電子機器依存へ

去年の十月、眠れないという言葉が頻繁に出始め、初めは一日休めば元気になるだろうと思っていた中一の子どもが、憎悪をむき出し、「親がこの家から出て行かなければ自分が出て行って、どこかで死ぬ」と言い始めました。

当時、私は、明日には元気になるだろうと思っていましたが、子どもが学校に行くことはありませんでした。

外に出ることもなくなり、子どもから笑顔が消え、私にも憎悪を表すようになりました。私はあらゆる機関に相談しましたが、診断は「このまま様子を見ましょう」でした。子どもは昼夜逆転で食事も一日一回、起きている時はヘッドホンをつけ、パソコンの動画を見ています。夜中は、タブレットでゲームをして朝寝るという生活です。ご飯を食べる時もずっとヘッドホンをつけたままで、誰とも一切話をしません。話しかけると、「うっせー、黙れ。お前のせいだ。出て行け。死ね！」の繰り返しでした。声をかけるたびに「うっせー、黙れ、死ね」と暴言が激しく、辛くて心が潰れそうな日々でした。

そんな中、コンプリメントトレーニングを始めました。不登校から一か月半が過ぎていました。五十日目、突然、明日学校に行くと言い出したのです。

翌朝、「今日学校どうする？」と尋ねると、子どもから「学校に電話してほしい」と言われ、「これから行きます」と学校へ伝えました。二人で話しながら学校へ向かいました。三か月ぶりの登校でした。

校門の前で見送りました。そこからは一人で学校に向かい、一度も振り返らず、真っ直ぐ力強く歩く後ろ姿を見て、本当に自分の力で学校に行けたのだと感じました。子どもは昼夜逆転でしたので、夜中の十二時から寝ずに登校しました。そして、六時間目まで授業を受けて帰って来ました。不思議と昼夜逆転はその日で直りました。

コンプリメントトレーニングに出会わなければ、今も家族はバラバラのままで、子どもに対しての愛情を取り戻すことはできなかったと思います。

Comment 7 電子機器を思い切って断たないと問題が解決しない

「誰かに助けてほしい。何か薬でも飲ませて解決するのなら、薬の力を借りたい」と、本気で思い詰めていました。

父子家庭で、はたしてコンプリメントが効くのか不安もありましたが、コンプリメント、共感、一家団欒《だんらん》をしながら、電子機器の制限をしていきました。一進一退はありましたが、徐々に小五の子どもに明るさが戻ってきました。コンプリメントだけでなく、毎日の一家団欒の時間が、子どもと信頼関係を取り戻すのに効果的だったと感じました。

コンプリメント四十日前後の夏休み明けから少しずつ登校できるようになり、三か月たった頃からは、ほぼ毎日登校できるようになりました。また、登校を始めても、心のコップを大きくしてどんなことにも動じない、たくましい子どもに育てるために、コンプリメントを続けるということは大切なことだと気付きました。

Comment 8

「一つのストレスも与えずにエネルギーを溜めてあげてください」は大きな間違い

夏休み明けより中三の子どもが不登校になり、すぐにネットで調べて民間の不登校専門のカウンセリングを受け始めました。そのカウンセラーさんの教えでは「とにかく一つのストレスも与えないようにということで、ネットゲームなどに熱中していても好きなだけやらせてあげてください。声かけも、朝起こす際にも『〇時だよ』まで。それ以上、『ご飯ができてるよ』などと言ってはいけません。『食べてね！』などの指示命令はストレスになります。学校、勉強、進路など学校関連のこと、心のエネルギーを回復させることに努めてください。そのために本人の好きなことをさせてあげてください。よほどのことでなければ、聞き入れてください。とにかく、一つのストレスも与えずにエネルギーを溜めてあげてください」ということでした。

その教えを守り、ゲームは朝から夜十一時まで好きなだけさせていました。担任の先生や友達が働きかけてくれて数回登校しましたが、その後はほとんど登校しなくなりました。

この方法は、居心地の良い不登校にし、不登校を長引かせるのです。子どもの顔色を伺うだけの毎日に疑問が出てきました。

これではいけないと思い、コンプリメントトレーニングを始めました。ＰＣとゲームは、学校の時間帯はできないと話しました。子どもが、自分でもそれは分かっていると言いました。これをきっかけにゲームを制限する覚悟を決めました。コンプリメントトレーニングの資料にあるように、数日間は暴れる、数日間は無視されることを覚悟して禁止にしました。やはり数日は「ゲームを返せ！」と多少暴れました。「二度と学校なんか行くか！　絶対に行かねぇ！」と怒っていました。そのうちに泣きながら「ゲーム返せ！」と言ってきました。これらはコンプリメントトレーニングの説明どおりなので、同調しないようにしました。

ゲームを取り上げて十日足らずで、自分から学校へ行きました。五月雨《さみだれ》登校の状態なのですが、共感・見守りを意識して続けています。効果はとてもあると実感しています。

何より民間の相談機関のカウンセラーさんの教えを守って好きなだけゲームをやらせていたら、ネット依存になり、まだ学校に行けていないでしょう。

コンプリメントをかけると親子関係が良くなっていきます。親に対する反発心はなくなり、自然に自分のことを考えられるようになると信じています。現在進行中。一進一退ですが、焦らず頑張ります。

POINT

怠惰な脳

電子機器だけでなく何かに依存している状態を、コンプリメントトレーニングでは「怠惰な脳に支配されている状態」としています。子どもが悪いのでなく、子どもを支配している怠惰な脳が悪いのです。外在化の手法です。不登校でしたら、怠惰な脳は、学校が危険と判断すると身体の動きを止めて登校させないようにします。漏電防止のブレーカーの働きをします。この働きは大切なのですが、不登校が続き電子機器を使っていると、この脳の力が子どもの意志の力を抑えて依存状態にします。自信の水が溜まってきても、電子機器を自由に使っていると、この脳の力が強くなっており、登校しようとしても登校する意志の力を抑え込んでしまいます。

コンプリメントトレーニングでは、この怠惰な脳の支配から子どもを救うために、「日々の学校タイムや学期始めの一、二週間は遅刻してでも登校する」ように背中を押しています。脳は、体験を通さないと学校が安全と学習しません。遅刻してでも登校していれば学校が安全と理解し、ブレーカーの働きを弱めていきます。言葉だけでは脳は、学校が安全とは学習しないのです。怠惰な脳は朝登校させないようにしますので、前日の夜に意志の力が働いて登校意欲が高まったとしても、朝はブレーカーが働き身体の動きを止めてしまうのです。昨夜のことは何だったのかと思われますが、これが怠惰な脳の働きです。なお、朝の十時から十一時を過ぎると、怠惰な脳の働きは弱まります。午後からの登校が多いのもそのためです。機会を見計らって電子機器の制限や禁止をしていかなければ、怠惰な脳の働きが続きます。

これらのケースにあるような電子機器への依存はとても多いのです。不登校の子どものほとんどは電子機器への依存です。医者やカウンセラーから「好きなことをさせて動くのを待ちましょう」と助言を受けていますから、電子機器を自由に使うようになります。親も心身を休ませるためだからと自由にさせます。これがいけません。電子機器では心身は休まらないのです。脳が疲れ果ててしまいます。ますます自信の水が不足し、子どもは居場所を電子機器に求めます。昼夜逆転し、食事もしないで、電子ゲームをし続けます。対戦ゲームなどは、オンラインで全国とつながっているのでとても危険です。もはや、子どもの力では電子機器の依存から抜け出すことはできません。寝る時間、食事をする時間を惜しんで電子ゲームをします。深夜、叫び声をあげ、ゲームをしている子もいます。ほとんどの親は、電子機器を自由に使わせています。子どものあまりの生活状態に不安をもち、電子機器をやめさせようとする親もいますが、禁止とか制限とかの言葉を聞くと子どもは逆上して親に暴力をふるい、物を壊します。自殺をほのめかす子どももいます。あまりにもひどい子どもの姿に恐れをなして、機器の制限も禁止することもできないのです。家庭内暴力として警察の力を借りる家庭もあります。電子ゲームだけでなく、スマホ、動画サイトなどの映像やライトノベルに依存している子どももいます。

電子機器の依存から子どもを救い出すのはとても大変です。電子機器に依存していれば、コンプリメントが効きません。親との信頼関係も崩れていますので、コンプリメントがコンプリメントにならないのです。

最近「電子ゲームをしていても子どもに影響はありません」のようなことを論じている本もありますが、このようなことを平気で言えるのがおかしいのです。実証していないのです。大いに間違っています。私は実証研究してきましたから、電子機器は自信の水不足の子どもにとっては「電子麻薬」であるとはっきりと言えます。

電子機器を制限する

不登校支援のコンプリメントトレーニングでは、電子機器の制限・禁止をするために、まずコンプリメントで子どもの心を開きます。子どもが心を開き始めたら、電子機器の害を毎日さらりとインプットしていきます。しばらくこれを続けていきます。

子どもが心を開いて話し合いができる状態になれば、子どもと親の意見を出し合って電子機器の使用時間と時刻を決めます。一度で決まらなければ何日も話し合いをして、約束事を決めるのです。これをおろそかにすると、後々も電子機器の依存は切れません。もし不登校になっていれば、学校の時間帯は電子機器をさせないことです。約束を守れなかった時のペナルティも話し合っておきます。

ペナルティを決めても実行しない親もいます。「かわいそう」が先立つのです。子どもに嫌われたくないとの思いもあります。私はこんな時「お母さんは子どもの人生捨てますか、ゲームを捨てますか」と言っています。厳しいことも愛情なのです。これは子育てでは大切なことです。子どもの心のコップを大きく育てるチャンスなのです。くれぐれも物を買ってあげるようなことはしないことです。物で釣れば物を要求するようになります。物が与えられないと動かなくなるのです。心で釣れば心を要求してきます。「約束を守ればお母さんのハグを百回あげるよ」とさらりと言えばよいのです。子どもが心を開いていれば受け入れます。開いていないと「クソばばあ」の一声です。

子どもも意見を出し、親子で話し合い約束事をつくれば、子どもは守ります。約束事を守らないのは、親が後で約束事を変更するからです。後出しじゃんけんのように条件を親の都合のいいように勝手に変えるからです。これでは信頼関係はつくれません。約束事は、親子できちんとつくることです。親も守るのです。これがとても大切です。

極度の自信の水不足の場合は、コンプリメントトレーニングでも、とても時間がかかります。子どもはなかなか心を開きません。怠惰な脳が大きくなり、子どもの意志の力を抑え込み、電子機器の制限や禁止の話し合いを拒否します。たとえ約束しても、約束を守ろうとする意志の力は、怠惰な脳に抑え込まれています。このような時は、正しいコンプリメントを続けて自信の水を入れ続け、まずは子どもの心を開くことを支援しています。

電子機器に代わる子どもの心の居場所つくり

電子機器の害のインプットとともに、電子機器に代わる子どもの心の居場所として、ボードゲームやトランプやその他のゲームで一家団欒をします。これは電子機器を我慢するのを助ける働きをします。親子の関係改善にもつながりますし、遊びの中で基本のルールを守ること、自分中心ではゲームはできないことなど、たくさんの人間関係の基礎となることを学べるのです。子ども相互の外遊びができなくなった現在は、このような対人関係を学ぶ一家団欒は大きな役割を果たします。

電子機器の制限や禁止をすると、自分で遊びを見つけたり、工夫したりして遊ぶようになります。外遊びも増えて、子どもらしくなっていきます。

なお、繰り返しになりますが、電子機器の制限や禁止は、子どもが心を開いた機会を逸するとできなくなります。親の子ども依存の状態によっては、相当にたいへんな作業となることは、覚悟しなくてはなりません。

起立性調節障害

子どもが抱えている身体症状の一つに、起立性調節障害があります。この診断を受ける子どもは多いのです。朝起きることができない、動けない状態のために登校できないのです。まさに怠惰な脳に「動く（登校する）」という意志の力を抑えつけられている状態です。このために不登校となっています。起立性調節障害も、自信の水不足のサインと考えています。起立性調節障害の診断を受けている子どもの多くは、血圧を上げる薬を服用していますが、それだけでは回復しません。親のコンプリメントで心のコップに自信の水という燃料を入れないと動かないのです。自信の水が溜まれば、意志の力が強くなり、動けない子が動き、起きることのできない子が起きて登校していきます。親のコンプリメントで、症状が軽減されて再登校していくのです。

ただ、起立性調節障害の診断を受けているために、子どもに気を遣い過ぎている親も多くいます。子どもは、診断を口実にして「好きなことをして遊んで暮らす、楽しい不登校」になっています。親が子に気を遣うような状態では、コンプリメントは自信の水とはなりません。医者の診断を受けていますから、親も背中を押すことに迷いが出るのです。厳しさも愛情なのですが、親の過干渉と過保護でそれができないのです。これもコンプリメントトレーニングではよくあるケースの一つです。

自信の水を溜めるには、ダメなものはダメと言える親の本気度が必要です。かわいそうと思う親心が、子どもを苦しめます。

Comment 9　原因の分からない頭痛、ふらつき

中一の子どもは、数年前から車酔いがひどく、原因の分からない頭痛、ふらつきなどの症状があり、起立性調節障害と診断を受けました。朝起きられなくなり、毎日遅刻、早退、欠席。九月の新学期が始まった途端、学校へ行けなくなりました。

コンプリメントトレーニングを始めて症状が改善しました。七日で変化が見られ、今では毎日登校しています。ひどくなる一方の起立性調節障害の症状が、みるみるうちに改善されていきました。起立性調節障害という病気でさえも、自信の水不足や心のコップが大きく関係しているということを実感しました。

Comment 10 起きられないし、起きた後に気を失って倒れることも

子どもは、小五の冬に体調を崩して以来、小児慢性疲労症候群に苦しんできました。小六の間は起立性調節障害もあり、起きられないし、起きた後に気を失って倒れることもありました。朝食も食べられなかったし、何といっても朝起こすのが本当に闘いでした。起こす一時間前くらいからカーテンを開けて光を入れる、洗濯機や掃除機など生活音を響かせる、音楽をかけるなどしていました。体の大きな息子を私が抱えて、とにかく背中だけは持ち上げるようにしていました。

しかし、コンプリメントトレーニングしている今は朝六時二分前に肩をポンポンとたたいて、「基礎英語」のラジオをオンにしてあげるだけで、放っておくと六時三分までには自分で起きて「基礎英語」を勉強しています。驚くべき変化なのです。

小六の間は、昇圧剤を試しましたが、効かないのですぐにやめました。長らく漢方薬を服

用しました。疲労に対してはビタミンBの錠剤も服用しましたし、本人はとにかく酸味があるものを好み、ビタミンC入りレモネードの粉末飲料をよく飲みました。朝にトマトやフルーツなど酸味のあるものをとると、体を目覚めさせる効果があるそうです。

身体症状がひどいタイプは、まずは体に対するケアをしっかりしてあげることが重要と思います。どこか自信がなくて過剰に環境に適応しようとしたり、我慢したりしやすいのだと思います。このための心のコップが自信の水不足になっても、適切に表現できずに身体症状に出てきているように思うのです。しかし、本人は全く自覚がなく、身体症状に苦しんでいるのです。

食べ物も大切ですし、背中をさすったり、マッサージしてあげたりするなどのケアもよいように感じています（このようなケースのために神戸の鍼灸《しんきゅう》マッサージ「地蔵院」が、リンパの流れをよくして身体症状を軽減しコンプリメントを受け入れやすくする実証研究に取り組んでいます。第四章を参照）。

体を楽にすることとともに、黙って我慢しなくてもいいようにコンプリメントをしました。少し操作的ではありますが、「なるほど、そう思っているのだね。気持ちを言葉で伝える力があるね」「素直に自分の気持ちを言ってくれてママうれしいよ」などと伝えました。意外そうな、それでいて安心したような表情をします。気遣いして何かしてくれた時には「さすが！　気遣いの力がある」と大げさに喜ぶのです。

電子機器の制限は、医師からも言われていましたので、我が家の場合はすんなり飲み込んで制限時間を守りました。

起立性調節障害など、自律神経失調の症状には、交感神経（「活動している・緊張している・ストレスを感じている」場合に働く神経）と、副交感神経（「体を回復している・休息している・リラックスしている」場合に働く神経）の切り替えがスパッとできるようになることが治療の目的だそうです。電子機器の使い過ぎは、二つの神経をうまく切り替えることを妨げるのだという説明だったように思います。

本人なりに頑張っていることを大いに認め、楽しくリラックスする時間も大切にしたいものです。毎日、限られた時間でなかなか難しいですが、副交感神経がうまく働くように、一家団欒も取り入れます。後退することも何度も経験しながら、急に三段飛ばしで前に進む時もあります。気付いたらずいぶん元気になっているのです。

その他の様々な身体症状を伴う不登校

不登校は様々な身体症状も伴っています。不登校の子どもの中には、人に顔を見られたくないため帽子とマスクをつけている子どもも多くいます。これも身体症状です。不登校になれば、軽い鬱《うつ》のような状態になります。動きがなく、表情もなくなります。部屋に閉じこもってしまうのです。前著にもあるように、深夜番組が終了し何も映っていないテレビを見つめている子どももいます。心の病気のように見えるのです。このような状態も、自信の水不足の身体症状です。

朝登校の時間帯になると、腹痛を訴えトイレから出てこない子どももいます。腹痛の訴えも、コンプリメントトレーニングで症状を軽減するには、時間のかかるケースの一つです。腹痛の不安から次第に登校できなくなるのです。登校の時間帯が過ぎると、腹痛がなくなることもあります。腹痛も自信の水不足の身体症状と考えられます。コンプリメントで自信の水を入れていけば症状は軽減されますが、痛みが消えるところまでには日数がかかります。腹痛をなくすのではなく、上手につきあうことが大切です。自信がついてくると腹痛も消えていきます。

不安症のような身体症状を伴う不登校も、時間はかかりますがコンプリメントで軽減され、心のコップが育つと消えていきます。順当な成長まで時間がかかります。何年もかけてこのように育っていくのです。育った年数だけかけて、育て直しをする覚悟でコンプリメントすることです。

Comment 11 腹痛、頭痛、手足・首のしびれや痛み、嘔吐《おうと》、頻尿、不眠、食欲減退、その他潔癖症、虫を異常に怖がる

現在小五の子どもです。小四のＧＷ明けから不登校が始まり、藁《わら》をもつかむ思いで、スクールカウンセラーに相談しました。すすめられるままに児童精神科を受診し、先生の指示どおりにしていくと、子どもの元気がなくなり、ぐったりして目には生気が全くなくなりました。強迫観念が強くなり、恐怖の幻想に襲われ夜も寝つけず、「死んでしまいたい」と子どもが言い出しました。私は血の気が引く思いをしました。副作用のリスクを承知で薬も服用させました。表面的にはよく見えたこともありましたが、登校への動きは全くありませんでした。勉強も全く手につかずどんどん遅れていくばかりで、このままでは中学、高校も…と絶望的な将来を想像しました。しかし、この子には人にない素晴らしいよさがあることを

ずっと前から気付いていていました。そんな子どもの人生を無駄にしたくないという思いがありました。なんとか解決の糸口がないものかと、ネットで情報を探している中で、コンプリメントトレーニングを知りました。

それまでの子どもの症状は腹痛、頭痛、手足・首のしびれや痛み、嘔吐、頻尿、不眠、食欲減退、その他潔癖症、虫を異常に怖がるなど。それらは全て自信の水が不足して起こっていることを納得しました。そしてコンプリメントをすれば治るのだと分かりました。コンプリメントを信じてやるしかないと強く決心し、精神科の受診や薬もやめていきました。

それからはどんどん変化してたくましくなっていく子どもの姿に、感動の毎日でした。

今、トレーニング八十八日目です。朝六時に起き、普通のように自分の足で登校し、下校時刻まで過ごしています。運動が苦手であまり外に出たがらなかった子ですが、不満を言うことなく、持久走大会に向けて毎日学校のグラウンドを何周も走っているようです。身体症状も少なくなり、不登校前よりも明るく生き生きした子どもに生まれ変わりました。

Comment 12 小学校高学年の頃から高三まで頻尿

小学校高学年の頃から高三まで、ずっと頻尿に苦しみました。コンプリメントを始めるまで自信の水不足と関係していると気付きませんでした。気付くまで何年もかかりました。

かわいそうなことをしたと今は思います。症状は日中だけでなく夜もひどくて、眠る前のトイレの回数が最も多かったようです。心配なことやストレスがあると、それは顕著に現れました。本当に五分、十分単位でトイレに行きますので、眠ることができないのです。もちろん行っても尿はそんなには出ません。寝不足になり、昼間も眠くて学校で寝てしまい、悪循環に陥りました。

病院で診てもらっても悪いところは見つからず、病気ではないとの診断でした。高三の夏にコンプリメントトレーニングに従って、電子機器を制限しました。電子機器を制限して、一か月でぴたりと頻尿がなくなったのです。夜、一度もトイレに行かなくなりました。

それからもコンプリメントを続け、現在大学生です。電子機器を制限して八か月くらいたっていますが、頻尿の症状は出ていません。今はぐっすり眠れるようになっています。明らかに自信の水不足と電子機器依存が頻尿の原因だったと思います。

反社会的な身体症状

家庭内暴力、粗暴な言動やいじめ、万引き、家庭内窃盗などの人に迷惑をかける問題行動も、身体症状と考えられます。いじめを傍観するのも身体症状と考えます。最も困るのが親への暴力です。自信の水不足が、わがまま気ままの身体症状に出ていますから、自分の感情をコントロールできるように育て直しが必要なのです。このように育てたのも親ですから、本気で厳しさも愛情と考えて育て直しをしなくてはなりません。相当な時間をかけてコンプリメントしなければ、子どもの心は開かないのです。親への不信感から自信の水をなくしているのです。子どもが親の愛情に気付くまで続けるのです。まさに、継続こそ力なりです。

私は四国少年院で篤志《とくし》面接委員をしています。子を見捨てないことです。親しか子を救えないのです。道徳心や躾《しつけ》を受ける機会もなく、心のコップに自信の水を入れてもらえることもない家庭環境に置かれていた子どもが、どのようになっていくのかを実感しているのです。

学習意欲の低下も身体症状

学習意欲の低下も身体症状の一つです。自信の水不足になると学習意欲はなくなります。コンプリメントしていくと、もともと勉強をしていた子どもは、自信の水が溜まってくると勉強を始めるようになります。親は、学校で学ぶ価値、また「学ぶとはどのようなことか」という価値のインプットをしていかなくてはなりません。将来の夢を実現するためにも、勉強するには何をどのようにしていくのか、具体的に示すことも必要です。勉強しようにも、何をしてよいのかが分からないのです。

コンプリメントトレーニングでは学校タイムを設定して、学校の勉強に慣れるように支援しています。第四章の英語のＤＶＤ学習もその一つです。職業選択の幅を多くするためにも、「学ぶ」ことは大切なのです。

ただ、親が焦って勉強のことばかりをコンプリメントすれば、それはコンプリメントではなく、親が子どもを自分の思い通りにさせようと操作することになります。かえって自信の水を減らすことになるのです。なぜ勉強するのかを、親が子どもにきちんと説明しなくてはなりません。子どもが親を信頼し心を開いていれば、子どもは耳を傾け心に届きます。

Comment 13 友達に「来るな」と言われストレス

今日土曜日は社会の小テストがある日でした。平均点で班対抗をすることになっていたようで、同じ班の一人から「平均点が下がるから学校へ来るな」と言われたそうです。「せっかく頑張って登校しているのに…」と私は内心ショックでした。同調しないで「たいへんだね、じゃ、勉強していけばいいのでしょう。あんたなら余裕でできるよ」とさらりと言いました。すると息子は「友達に範囲を教えてもらおう」と前向きな様子でした。今までの私でしたらここで息子に同調してしまい、「こうしたら、ああしたら」とうるさく声をかけてしまうところでした。ぐっとこらえ見守ることができました。

問い合わせた友達からの返信がありませんでした。「やる気なくなった！」などと騒ぎ出しました。口出ししたくなるところをさらにこらえ「勉強するかしないかはあなたが決めることだけど、勉強してないから学校に行かないっていうのはなしだよ」とだけ言いました。すると「よし個別チャットで聞こう！　知らない人にメールするのやだなぁ」と言いながら話したことのない女子にまで全員にメールを送り出しました。

その中の一人が親切に返信とテストノートの写メを送ってくれたようで、「よし勉強やるぞ！」と勉強を始めました。「でも眠い、どうしよう」と言うので冗談で「頭から水でもかければ？」「そうだね、やって！」と言うのでビックリしたのです。本当にお風呂場でコップの水をかけていました。「冷て。本当だ。目が覚めた」と、なんと夜中の二時半まで勉強していました。

朝になり、起こしに行くと睡眠不足で「眠くて無理！」と起きてこなかったのですが、「せっかく勉強したのだからもったいないよ。何時に起きる？」と本人に起きる時間を任せて見守りました。しばらくしてようやくフラフラしながら起きてきました。そして「昨日遅くまで頑張ったから眠いよね、大変だね。でも起きる力があるね。頑張っているね」と共感の声をかけ続け、何とかギリギリで車で送って、遅刻せず登校することができました。

先日、遅刻してでも登校した時も驚きましたが、今日の息子の頑張りは正直、私の予想をはるかに超えるものでした。

コンプリメントトレーニングでは、登校すればチャンスを引き寄せると言いますが、まさにこのことだったのだと思いました。せっかく学校に行っているのに友達に「来るな」と言われたことは「ストレス」でも、それを乗り越えることが「心のコップを育てるチャンス」だったのです。

Comment 14 一睡もせず、宿題をして「学校に行きたい」

高校二年の子どもです。昨夜から一睡もせず、宿題をしていました。登校時間が近づくと少し眠ってしまったのですが、遅刻して登校すると自分で言い出しました。焦らず心を落ち着かせ、時間を見て起こしました。寝ないで宿題をしても数学のみしか終わらず、あと生物と国語があるらしく「明日は絶対に学校に行きたいし、普通の生活（夜寝る生活）に戻りたいから、今から残りの宿題を終わらせる」と勉強を昼から始めました。去年までの不登校の時とは違い、登校するためにはどうしたらいいかを考えているようです。

自信の水が心に溜《た》まり、動き出したことを感じます。勉強を心配していましたが、いつの間にか自分でするようになっているのです。コンプリメントの力を感じています。

Comment 15　中学受験をしたいと言い始め、連日の冬期講習をやり抜き合格

小六の時、四月半ばから不登校となり、一学期は通学しないままでした。八月下旬よりコンプリメントトレーニングを開始。二学期始業式の日、説得を重ね午後登校したのをきっかけに、別室登校を開始しました。始業前後に母付き添いで登校、ほぼ午前中で早退ということが続きました。それでも不登校にはならず、欠席は体調不良の一日だけです。

不登校中は一日中テレビのリモコンを手放さず、ちょっと取り上げると怒りと狂気をはらんだような目つきで突っかかってきました。コンプリメントしながら少しずつ電子機器の害をインプットし、制限の約束を親子でしていきました。この頃からはテレビへの執着が解け

たようになくなり、いろいろな面で子どもらしい素直さを見せるようになりました。冬休み前に中学受験をしたいと言い始め、連日の冬期講習を受けやり抜きました。これは本人にも大きな自信になったようです。幸い中学受験を志望した二校ともに合格し、自分で進学する学校を決めました。親子で喜びました。

今、中学は片道一時間半を一人で通っています。友達もでき始めたようです。コンプリメントの機会が減っていますが、自分で決めて行動することが増え、自分で自信の水を入れているようです。今は過干渉をやめ、放っておくことと手を貸すことの間を行ったり来たりすることを心がけています。振り返ると、今まで過干渉してきたことがしみじみと分かった気がします。

子育ては子どもの心に自信の水を入れてあげることだと分かりました。未来に光がさし、その光に導かれるように子どもも私も変わることができたと思います。

多動や自閉傾向等のような性格特性をもっている子

・自信の水不足になると、その特性が顕著に現れる

多動のような性格特性をもっていると、自信の水不足になった時に、その特性が顕著に現れます。そのことが学校生活で問題となり、先生に叱られ学級の中で否定され、さらに自信の水を減らしてしまいます。そして暴言・暴力等につながり、また叱られるのです。悪循環になってしまうのです。

また、自閉傾向のような性格特性をもつ子どもは、その言動から家庭でも学校でも否定されることが多く、常に自信の水不足です。

ですから、これらの性格特性をもつ子どもには、コンプリメントをたくさんしてあげないといけません。自信の水が溜まれば心が安定して、素直に親や先生の話を受け入れます。まず、コンプリメントで心の安定を図ります。

次に大切なことは、問題となったことをきちんと説明して、どのような言動をとることが大切であったかを教えなければなりません。同じような問題を繰り返すことがありますが、この子たちには同じような問題でも異なるものととらえるのです。関係した人物、時

間帯などの状況が少しでも異なると、同じ問題ではないのです。ですから、親としては同じ問題とは考えないで、問題のどの部分が異なるのかを意識しながら否定せずに、どのような言動をとることが必要であったかを教えなくてはなりません。この一つひとつを教えていく繰り返しがポイントです。理詰めで教えて他に応用させることは難しいのです。具体的な言動を教えてインプットするのです。そうすれば、時間はかかりますがインプットしたことが熟成し、アウトプットしていきます。「このような状況では、このような言動をとることが必要である」と気付くようになるのです。

• 先の見通しを立てさせる

もう一つ大切なことは、「先の見通しがきかない」ことです。新学期でしたら、翌日の一日の流れが想像できないことがあります。明日の学校は、今日の学校とは異なるのです。暗闇の中を進んでいきなさいと言われているようなものなのです。そのため、ひどく不安になります。奇声をあげることもあります。これは不安のサインです。このような場合は、翌日の学校の一日の流れを学校の時間表を利用して話してあげるのです。例えば、白転車置き場から廊下を通って教室に行き、朝の会は教室で、一校時は生物だから二階の生物室へ、と帰宅するまでの様子を話します。時には、全校集会や学年集会が入ることもあると話します。突然の変更もあることを知らせておきます。修学旅行等の行事も、同じように日程を話しておきます。親の修学旅行の様子を話しておくことも、先の見通しをつけることになります。

このような翌日や行事の流れや内容を話しておくことが、先の見通しをつけるトレーニングとなるのです。

時間をかけて一つひとつを根気強く教えていくことです。簡単そうですが、続けるのは大変です。しかし、親にしかできないことなのです。

・一人で昼食を食べられる強さを育てる

場面緘黙《かんもく》や自閉傾向の子どもは、一人でも生きていけることを教えなくてはなりません。高校生になると義務教育ではありませんから、みんなに理解してもらえるとは限りません。友達ができなくても大丈夫。友達を百人つくろうなんて考えないのです。友達がいなくても一人で平気な子、一人で昼食を食べられる強さを育ててあげなくてはなりません。一人でも生きられる強さが必要なのです。人の輪に入れなくても何の支障もありません。人に迷惑をかけることにもなりません。

発達の差なんて誰にでもあるのです。「私は、一人で生きていく力がある」と言えることもコンプリメントキッズへの一歩です。

小学校の入学式の歌のように「友達を百人つくりましょう」なんて気にしないのです。人生において友達が百人もできるはずがありません。ですから、友達百人つくりたいなんて考えないことです。一人でも生きられるように強く育ててあげることです。親は、子どもが一人になっても守ってあげるものです。この友達百人の歌で悩んでいる方も多いのです。

Comment 16 コンプリメントトレーニングを受け、高機能自閉の子にコンプリメントしたところ「教科書のような子育て」と褒められました

下の子（高機能自閉 療育と並行通園中）も コンプリメントで自信の水を入れながら、言動の一つひとつを教えていっています。一年後の今、爆発的に成長しており、すこぶる順調で、幼稚園ライフを楽しんでおります。

「○○が〜〜で、ママうれしい？」とニコニコして聞いてくることも多々あり、私自身、

本当にうれしい限りです。

先日、療育の先生と懇談があったのですが、「みんなのお手本になる、まるで教科書のような子育てをしていらっしゃいますね」と言われ、私に自信の水を入れてくださいました。

スクールカウンセラーは、子どもの身体症状を病気だとする

指導しにくい、育てにくい子どもを発達障害と疑うことはよくあると思います。親も先生も、指導しにくい子どもをスクールカウンセラーや心療内科につなぎます。スクールカウンセラーも、面接して心療内科へとつなぎます。

今や心療内科は予約で満杯、半年後の診察はよくあることです。このように多くの発達障害と思われる子どもが出るのは疑問です。私の三十年の教員生活の中で、このように心療内科を受診する必要があると感じた子どもにほとんど会っていません。ですから一層疑問なのです。

こんなに発達障害の子が出ているならば、飲み水か食べ物か、何が原因なのかと考えるのが普通です。それらが原因ならば成人にも多少なりとも影響が出るはずです。誰も声を

あげないのが不思議です。私は、発達障害の子どもがいないとは言っていないのです。ただ、指導が困難と思われたらすぐに心療内科につなぐ、この現状はおかしいと思うのです。

自信の水不足の子どもは、発達障害と思われる言動をとります。ですから、かなりの割合で心のコップの自信の水不足の子どもが心療内科につながれているのではないかと危惧しています。自信の水不足を発達障害と診断され薬物治療を受けることになりかねません。また、病気のせいにして、親が子育てを放棄することにもつながります。

私がスクールカウンセラーをしている時、先生から発達障害の子どもがたくさんいて授業中に徘徊《はいかい》するので見てほしいと依頼がありました。小学一年生です。早速授業を参観しました。「あっ」と驚きました。「先生、その授業の進め方では、一年生には何にも分からない。分からない一年生は退屈だから歩きますよ」とお話ししました。先生は、子どもが席に着くのを待たないで教科書の何ページを開いてと早口で指示したのです。席にも着いていない子には、開けるページの指示は聞こえません。先生は早口ですから、何を言っているかも分からないのです。入学したての子どもは、何をしてよいのか分からない授業で四十分もじっとしていません。子どもは素直ですので、分からない授業では平気で歩きます。一人が歩くと、同じような子どもも徘徊に参加します。これは全て、先生の授業力のなさと子どもの躾の問題なのです。発達障害ではないのです。

最初に歩いた子どもと話をすると、お母さんの愛情に飢えていることに気付きました。担任の先生が女性でしたから、先生に母性を求めて気を引こうとしていることもあるようでした。これは、自信の水不足です。これが発達障害と言われていたのです。私は、先生に授業の仕方をお教えし、子どものお母さんには、コンプリメントをお願いしました。当然、先生にもこの子にコンプリメントをしてもらうようにしました。一か月後には徘徊は消えていました。

生徒指導で問題がある子どもには薬を飲ませて静かにさせることを公言している先生もいる

中学校でもスクールカウンセラーをしていました。そこでは、生徒指導で問題がある子どもには薬を飲ませて静かにさせることを公言している先生もいたのです。身体症状のところにも書いてありますが、生徒指導で問題のある子どもは、自信の水不足です。この子たちと面接をしていると、心のコップに自信の水がなく、そのサインとして授業に出なかったり授業中に廊下を徘徊したりしているのです。こうして仲間と騒ぐことによって自信の水を心のコップに入れているのです。ただ、その自信の水は、真《ま》っ当《とう》ではありません。この子たちの親との面接をしてコンプリメントをお教えし、家庭で自信の水を入れるように支援しています。しかし、面接に来るお母さんはほとんどいませんでした。親も同じような育ちをしているのでしょう。先生のできることは、第四章にあるように、そのような子どもの親に子育ての力を与えることです。また、その子たちにコンプリメントして、自信の水を入れること、心のコップを育ててあげることです。それが教育なのです。薬では、子育ても生徒指導もできません。

少年院で院生に講演をしたことがあります。自信の水の話をしました。講演の後、ある少年から「先生、僕たちには自信の水を入れてくれる家庭もないし、人もいないのです」と言われました。私は触れてはいけないところに触れたような気がしてしまいました。もし、親がコンプリメントを知っていたらと思わずにはいられませんでした。

身体症状のほとんどは、自信の水不足のサイン。自然に回復するものではない

腹痛などの身体症状では、診察を受けて精密検査をしますが、身体的な問題が見当たらない症状も多いのです。見当たれば、その治療をすればよいのですが。身体症状のほとんどは自信の水不足のサインですから、ずっと待っていても自然に回復するものではありません。自信の水を心のコップに溜めていく育て直しをしなくてはならないのです。

残念ながら、子どもが「自信の水不足になっているよ、苦しいよ、早く気付いてよ」と出している予兆や身体症状に気付かない親も多いのです。

ましてや、万引き等の問題行動は、自信の水不足の身体症状とは思いもつかないのです。ただ、自信の水を溜めるだけではいけません。躾による道徳心の形成も必要です。「人様のものを盗るのは泥棒の始まり」と諺《ことわざ》や金言を活用することもできます。とにかく繰り返し繰り返しインプットしなくては、同じことを繰り返します。自信の水が溜まっていれば、インプットを受け入れやすいのです。

これまで多種多様な身体症状をもつ子どもを、親へのコンプリメントトレーニングで支援してきました。子どものどのような身体症状であれ、コンプリメントのトレーニングを受けた親の愛情と承認の力で、それは消えたり、軽減されたりして、順当な成長を続けていくのです。親の愛情と承認は奇跡を生みます。先生からのコンプリメントも大きい力をもつのです。

自信の水不足の身体症状でありながら、今でも支援は「動くまで待ちましょう。好きなことをさせましょう」

スクールカウンセラーや不登校に関わっているドクターのほとんどは、子どもの様々な身体症状を自信の水不足とは考えません。理解もできないと思いますし、理解しようともしないでしょう。民間の支援業者も同じでしょう。この方たちの支援の言葉は決まっています。「動くまで待ちましょう。ストレスを与えないで好きなことをさせましょう」がほとんどです。本当に「待っていたら動く」と考えているのでしょうか。一体いつまで待つのでしょうか。毎年不登校が増えているにも関わらず、同じ対応の繰り返しです。

信じられませんが「学校へ行かない選択もある」とさえ言っている方もまだまだ多いのです。それは他人事だから言える言葉なのです。自分の子どもならばそのようには言わないでしょう。学校に戻らないで就職することはとても難しいのです。就職しても、続きません。

今でも自信の水不足のサインでありながら、「好きなことをさせて動くまで待ちましょう」が支援の主流です。この「好きなことをさせて待つ」ことが電子機器への依存につながり、不登校を長引かせています。いい加減に目覚めてほしいものです。このおかしな現象に、日本中の誰も疑問をもたないのが不思議です。

さらに心配するのは、民間業者による支援です。第一章のケースにもあるように、民間の支援センターの中には「子どもに話しかけない」と指示しているところがあります。このように子どもの心を壊すような危険なことを平気でしているのです。責任をとれるのでしょうか。苦情を伝えると、弁護士に相談してくださいと言う業者さえいます。弁護士が必要なほど訴えがあるのですから、効果がないという証《あかし》です。

再登校すると成功報酬を必要とする支援もあるようです。コンプリメントトレーニングは、親の力で再登校させるのです。成功報酬は、親への報酬でなければなりません。親としての「子育ての自信と喜び」でなければならないのです。

支援者の力で再登校させるケースでは、支援者がいなくなると再度の不登校にさせてしまいます。コンプリメントトレーニングでは、親や家庭環境をコンプリメントできるように変えていくのです。いつも子どもに自信の水を入れられるようにするのです。全ては親の力でできることなのです。

病気なら、症状がよくならない治療法は効果が少ないと考えるべき

好きなことをして偶然再登校していく子どもはよいのですが、その言葉を信じてそのまま待っていると「楽しい不登校」となり、引きこもりとなっていく可能性が大きいのです。病気なら、症状がよくならないと、その治療法は効果が少ないと考えるのが普通です。「好きなことをさせて動くのを待ちましょう」の支援方法は、子どもが再登校しなければ、効果がないものと考えられます。

ところが不登校支援では、効果に重きを置いていないと思われるのです。面接や診察した子どもが登校をしなくても、さほど疑問をもたれないのです。再登校するなんて考えていないのかも知れません。登校しなくても責任を感じることもないのでしょう。

こんなお話がありました。コンプリメントトレーニングを受けているお母さんが、公立の教育センターの面接で、子どもが再登校したことをカウンセラーに告げると驚かれたそうです。七か月も不登校していた子どもが再登校することは、スクールカウンセラーにとっては奇跡なのでしょうか。お母さんはコンプリメントトレーニングの話をされたそう

ですが、詳しく聞かせてほしいとは言われなかったようです。ですからそれ以上のお話は遠慮したのです。これはよくあることです。「コンプリメントトレーニング」は、ほとんど関心はもたれません。ただ、親の力で子どもの心を自信の水で満たせば再登校することは、奇跡でも「まやかし」でもありません。コンプリメントトレーニングは緻密に計画された支援をしているだけです。再登校していくのが当たり前なのです。

毎年不登校は増え続けている

毎年不登校が増え続けています。「ストレスを与えず、好きなことをさせて動くのを待つ」支援を受けて、すでに学齢期を過ぎた引きこもりの子どもを抱えて、路頭に迷っている親も全国にはたくさんいるのです。誰がこの責任をとるのでしょうか。藁《わら》にもすがる思いでカウンセラーや医者に相談した親が、あまりに哀れでなりません。文部科学省は、このことを把握しているのでしょうか。フリースクールを認可してそこに丸投げすることのないようにしてほしいものです。スクールカウンセラーを導入したのは、文部科学省なのです。

Comment 17

「ゲームも好きなだけやらせてください」。不登校から一か月で目つきが変わり、暴言・暴力をふるう

小三の子どもが夏休み明けに登校を渋り始め、その後完全不登校になりました。頭が痛い、お腹が痛いと外出も嫌がり、食も細くなり、みるみるやせ細りました。担任になった先生からも「心が折れやすい」とよく言われていました。

スクールカウンセラーに相談しました。「不登校は好きなことをさせて待ちましょう。ストレスも与えないでゲームも好きなだけやらせてください」と言われました。

「え?」と思いましたが、子どもは言われるがまま好きなことをやって過ごしました。

電子機器三昧の子どもは、不登校から一か月くらいで目つきが変わり、私に暴言・暴力をふるいます。夜は寝られないとゲームを朝までしているのです。この状態に大きなショックを受けました。

その頃の私は、息子の未来を信じられなくなり、何をしても涙が出て、辛く悲しんでいました。民間の心理カウンセラーに予約をし、驚くほどの高いお金を払いましたが、何の役にも立ちませんでした。このままではいけないという気持ちから、ネットで検索をし、コンプリメントトレーニングに出会いました。

コンプリメントをして、三日目に「なんでこんなにママの言うことを素直に聞けるのだろ

う」と、子どもが言い出しました。そして、いつもイライラしていた子どもが、ニコニコすることも増えてきたのです。私も、怒ることが減り、精神的にも落ち着いてきたのです。

ところが、簡単だと思っていたコンプリメントは、とても難しいものでした。子どもの良さが見つけられなくて、コンプリメントできないのです。また、トレーニングノートの「子どもの自己決定」がないのです。私がどれだけ過干渉で過保護だったか、身に染みて感じました。子どもの自信の水をなくし不登校にさせたのは、全て私の言動だったと気付きました。息子には否定ばかりして、自信の水不足にしていたのです。

コンプリメントすることは育て直しです。コンプリメントを拒否され、嫌がられ、それでもめげずに「あなたを救うから」と、コンプリメントをし続けました。完全不登校で、頭痛・腹痛を起こし引きこもっていた子どもは、突然放課後登校を始めました。

その後、帰りの会から六時間目、そして五時間目からと、だんだん登校時間を早めていきました。四年生になった今は、給食にも参加できるようになり、朝から登校できるようになりました。お休みしていた習い事にも復帰し、以前に増して体を動かすことが好きになり、日に焼けた息子を見ると頼もしく感じます。あんなに依存していたテレビやゲーム、マンガも切り離すことができ、ここまで来ました。子どもが親に心を開いてくれていると感じる毎日です。

まだまだこの先いろんな山があると思いますが、私にはコンプリメントがある！と思うと心強いです。私は、本当に自分の子どもを救いたかったら、蛇にも鬼にもなります。そのくらいコンプリメントは、親も子も変えるのです。

第3章

子どもの心を育て自信の水で満たすコンプリメント

この章で述べるコンプリメントの基本の考え方は、前著『不登校は1日3分の働きかけで99%解決する』(リーブル出版)にまとめています。重複しているところもありますが、そちらを先に読んでいただければ、本章の内容が分かりやすくなります。

子どもの心のコップを大きく強く育てるコンプリメント

子どもは、心の中にコップをもっていて、このコップに溜《た》まっている自信の水を使って活動しています。勉強や部活、先生や友達関係にもこの水を使っているのです。それと同時に、周りの人たちに認められたり、毎日親から愛情や承認を受けたりして「自信の水」を補充しています。こうして子どもの心の中の自信の水は使っても日々補充され、いつも一定の量でコップは満たされています。

ところが、学校生活等でストレスやプレッシャーにあうと、一日に補充されるよりたくさんの自信の水を使います。ストレスやプレッシャーは、すぐに消えるものではありませんから、補充されてもそれ以上の水を使い続けます。日々自信の水は減り続け、自信の水不足の危険領域に入ると、予兆や身体症状が出てきます。これは順当な成長が妨げられているサインです。

同じようなストレスやプレッシャーにあっても、身体症状の出ない子どももいます。親からのコンプリメントが多く、心のコップが大きく育ち、自信の水をたくさん溜めているのです。ですから、少々自信の水を多く使ってもビクともしません。自信の水不足になりませんから、心の栄養不足にもなりません。順当に成長し、もっている力を発揮できるのです。コンプリメントトレーニングで親の力を育て、このような子どもへと育てていきたいのです。

子どもの心を自信の水で満たせば、何歳からでも育て直しはできる

子どもが順当に成長する子育ては、子どもの心を自信の水で満たすことです。心を自信の水で満たせば、自信の水不足の身体症状が出ていたとしても、それは軽減され消えていき、順当に成長します。高校生や大学生、成人していてもコンプリメントで育て直しはできます。もちろん、幼いほどコンプリメントの効果は速く現れますし、心のコップも大きく強く育っていきます。

自信の水を入れないで、親が背中を押すばかりでは、順当な成長はできません。「過干渉や過保護」のように、親が子どもにとって「良し」と思っていることが、子どもの自信の水を減らしていることもあります。また、心のコップが大きく強く育つチャンスをも

失っています。

コンプリメントで子どもに愛情を伝え、子どもの「良さ」を承認する

親のコンプリメントによって子どもの心を自信の水で満たせば、身体症状は軽減され、やがて消えていきます。そして、順当な成長に戻っていくのです。

自信の水は、子ども自身のもつ「良さ」（リソース＝資源）を、承認の言葉「…の力がある」と親の愛情の言葉「お母さんうれしい」の二つを使って子ども自身に気付かせることによりつくられます。この「良さ」（リソース＝資源）を子どもに気付かせることをコンプリメントと言います。

「…お母さんうれしい」愛情の言葉
「…の力がある」承認の言葉

この「…」に入るものが子どもの「良さ」（リソース＝資源）なのです。これに「お母さんうれしい」と「力がある」をつけて子どもに伝えれば子どもの心に自信の水となって

届くのです。

トレーニングの最初期には、子どもの「したこと・できたこと」の事実をシンプルに「…」に入れて、子どもに気付かせるのです。この子どもの「したこと・できたこと」が、「良さ」（リソース＝資源）につながります。

子どもの「したこと・できたこと」は事実でなければなりません。親の解釈や考え方を付け加えません。事実をコンプリメントしていけば、自信の水がつくれます。この最初期のコンプリメントは、年齢には関係ありません。全ての子どもに使えます。

「したこと・できたこと」を見つけるためには、子どもをしっかりと観察しなければなりません。子どもを観察し、この「したこと・できたこと」の事実をコンプリメントしていくと、子どもが心を開いてきます。心を開いてきた子は、コンプリメントをかけると笑顔が出てきます。それまでのコンプリメントに反発していた子どもが、素直にコンプリメントを受け入れるようになります。子どもが心を開いてきたと実感できます。心を開かない時は、正しいコンプリメントができていない、コンプリメントになっていないのです。電子機器等に依存していれば、心を開くまでに時間はかかります。

子どもが心を開いてきたら質の高いコンプリメントを

子どもが心を開いてきたら「力や能力」「心の良さ」「好奇心」「向学心」「勇敢」などを、「…」に具体的に入れて質の高いコンプリメントをします。例えば、向学心に気付けば、「…」に子どもが取り組んでいる勉強の内容を入れて「文章題を解く力がある」と言います。「力や能力」であれば、「○○をよく決心したね。自分で決める力がある」と言います。「心の良さ」であれば、「おじいさんの付き添いをしてくれて助かった。やさしい心がある」と言うのです。

年齢に応じた「したこと・できたこと」も質の高いコンプリメント

子どもが心を開いてきたと感じたら、「したこと・できたこと」に、さらに質の高いコンプリメントを加えていきます。トレーニングノートに書く「いつもと異なったよいこと」は、質の高いコンプリメントの一つとなります。これも、その時その場でシンプルにコンプリメントするのです。

また、子どもの存在に関わる「神仏からいただいた命」であること、人様に役立つために生まれてきたこと、親の元に生まれてきてくれてとてもうれしいこと等も、質の高いコンプリメントとなります。ただし、親子の信頼関係が再構築されていない時に、これをコンプリメントとしても、子どもには何のことか分かりません。信頼関係が構築されていると、これらは子どもの道徳心としてインプットされ、後々の子どもの生き方を支えるものとなります。親が本気で子どもに伝えなければなりません。嘘や心にも思っていないことをコンプリメントとしても、本物のコンプリメントにはなりません。子どもには雑音にしか聞こえないのです。

子育てならば一日に三個、身体症状が出ていれば三個以上

コンプリメントは、一つや二つではいけません。身体症状の出ていない子育てならば一日に三個。身体症状が出ていれば三個以上必要です。また、心の奥底から愛情を込めてコンプリメントしなければなりません。

幼い子どもはすぐにコンプリメントによい反応をしますが、身体症状の出ている子ども

のほとんどは、最初はコンプリメントを無視するか、「気持ち悪いからやめろ」などと言います。コンプリメントしたから、すぐに子どもからよい反応があるなんて考えないことです。これまで何年間も十分に自信の水を入れてあげられなかった親なのです。はっきりと言うのは申し訳ないけれど、子どもから信頼されていないのです。子どもから「そんなことを言ってもムダ」と親のコンプリメントを否定します。それが普通です。でも、悲観することはありません。コンプリメントによる子育ては、否定されるところから始まります。

子どもが受け入れるまで続ける親の本気度と本物のコンプリメントが大切

子どもは本来、順当に成長することを望んでいます。ですから、自信の水不足のサインを出すのです。

反応が悪いからとコンプリメントを減らしたりやめたりすると、さらにコンプリメントを疑います。「やはり、コンプリメントは本物ではなかったのだ。『お母さんうれしい』は嘘だったのだ」と思われます。「親からの愛情も承認も嘘だったのだ」と、ますます子どもは親から離れていきます。

子どもにコンプリメントを「やめろ」と言われても、「本当にそう思うのだよ」とさらりと言い切ります。あるいは「たいへんだね」と共感しておきます。それ以上は何も言いません。同調して子どもと言い争うと、ますますコンプリメントを疑われます。

本気でコンプリメントをしていないことを見抜かれ、うろたえる親もいます。情けないことですが、子どもを王様に育ててしまっている親もいます。親は家来になっているのです。ですから王様である子どもは、家来のコンプリメントなどに聞く耳をもたないのです。

コンプリメントは、子どもからの反応が悪くても続けなくてはなりません。反応が悪くても、反応がなくても、不安にならなくてよいのです。それがスタート地点です。ごくごく普通のことです。反応があろうとなかろうと、コンプリメントをしている親の思いは、子どもの心へ届いています。ただしそれが、本物のコンプリメントであればです。子どもを親の思い通りにさせようとするのは、本物のコンプリメントではありません。また、躾《しつけ》をしなくてよいのではありません。躾は躾、コンプリメントはコンプリメントです。

子どもが心を開いてコンプリメントを受け入れるまでの時間は、それまでの親子の関係や電子機器等への依存の状態によって異なります。何日かかるか分かりませんが、コンプリメントを続けていくと、子どもは心を開いても大丈夫かどうかを試してきます。

コンプリメントが効き出すと、幼児のような振る舞いで試してくる

試しは、幼くなり甘えてきたり、無理難題で迫ってきたりします。甘えは年齢に関係なく生じます。中学生や高校生が母親の膝に座ろうとしたり、大学生が幼い弟と遊ぶことに熱中したり、幼児のような状態になったりします。幼児に戻り、母親とのスキンシップを求めてくる小・中学生も多く見られます。中には、お母さんの腕を舐《な》める中学生もいました。幼くなることを知っておかないと、親は子どもの奇異と思われるような言動に愕然《がくぜん》とするのです。このような子どもの動きがあることを知っておくことです。

子どもが親のコンプリメントを試してきたら、親ができることはしてあげ、できないことはきちんと説明して断ります。性的な言葉を使って親を試してくることもあります。このような時も、「そのようなことは言ってはならないこと。お母さん悲しい」とさらりと言います。親の毅然《きぜん》とした態度が大切です。それが子どもからの信頼につながり、躾にな

ります。

試しは、繰り返し何度もやってきます。覚悟しておくことです。遊びも幼児のようになります。大学生でも幼児のように振る舞うようになります。そうしたら、幼児のように接してあげることが必要なのです。次第に幼児状態から育ち直しをしていきますから、心配しなくてよいのです。幼児になればコンプリメントが効いていると考えてください。子どもが育ち直しを始めているのです。

Comment 18 育ち直しを始めた中学生

十五日目　赤ちゃん言葉が出る。

十六日目　えーんえんと幼児のような泣きまねをする。

二十二日目　寝ている時、幼児の時と同じ姿で寝ていた。幼児の頃、お気に入りのタオルケットに特徴的な触り方をしていた。あの頃と同じ触り方をしているので驚いた。

二十六日目　抵抗なく親のひざ枕を求めてきた。

トレーニング二百日近くになった現在、すっかり中学生の言動になりました。

これは中学一年生が心を開き、育ち直しを始めるまでの様子と日数です。これまでの実証研究から、幼児に戻り育ち直しを始めるのは、親子関係が崩れていなければコンプリメントトレーニング開始から二十日前後です。コンプリメントを続けて親子の信頼関係ができ始める時期です。ただ、これまでの育てられ方や他の身体症状を抱えているかどうかによって時間がかかりますし、コンプリメントが本物でなければ心を開くことはできません。相当時間のかかるケースも多いのです。とにかく、心を開くまで本気で子どもの心に自信の水を溜めようと、コンプリメントの工夫と改善をしなければなりません。コンプリメントトレーニングでノートの添削をしていると、コンプリメントの形だけ整っていて、子どもの反応が全くないことも多々あります。親の本気度がなければ、本物のコンプリメントにはなりません。親のコンプリメントに含まれる言霊《ことだま》のようなものが、子どもの心を開くのです。「一日たくさんのコンプリメントをしています」と言っても、子どもが心を開いていなければコンプリメントの効果はありません。このような育ち直しが顕著に出ない子どももいます。よく観察して、いつもと異なるところを探していると、顕著でなくても気付きます。

Comment 19 裸になって「生まれた」と言って抱かれにきました

小二の男の子です。トレーニング二十三日目、朝から荒れていたので、追いかけて必死で助けたいと伝えました。生まれてきた意味や、活躍する力があること、いろんな力があること、ご先祖様から命をもらったこと、などを話し続けました。

トイレに隠れて、扉の隙間から脱いだ服を出してきました。全裸になり出てきて、「生まれた」と言って抱きついてきました。先ほどまで暴れていたのが嘘のように落ち着いた表情になり、突然「学校に行く」と言い出しました。服を着替えさせ、登校の準備をさせて車に乗せました。駐車場に着くと、そこから玄関まで自分の足で力強く歩いて行きました。一度も振り返りませんでした。自信の水が少し溜まってきたように感じました。今朝は私が用事で出かけている間に、算数ドリルをしたと電話をしてきました。コンプリメントしてほしかったのでしょう。少しずつ、自分で考えて動いている気がしました。

このケースの小学生は、なかなか心を開きませんでした。お母さんの必死のコンプリメントで、とうとう「誕生」から育ち直しを始めました。このような育ち直しをしていくことはよく見られます。十二時間もお風呂に入り、お母さんのお腹の中の羊水に浸《つ》かっているところから育ち直しを始める中学生もいました。段ボール箱に入り、お母さんのお腹に戻っているとイメージして、育ち直しをする子もいました。

コンプリメントの熟成時期

心を開いても、そこからしばらくは大きな変化は見られません。コンプリメントトレーニングをしていて、親が最も不安になる時期なのです。メール相談も多くあります。これは、親がかけたコンプリメントが熟成している時期なのです。一進一退もあります。この時期は、質の高いコンプリメントをかけていくことが肝心です。

また、道徳心をインプットできる時期でもあります。神仏から命をいただいたこと、人様のために役立つために誕生したこと等を繰り返してインプットします。

POINT

トレーニングノートに記録する

記憶は消えるが、記録は消えない

幼い子どもでしたら、コンプリメントを三日続けると、子どもの言動に効果が感じられます。コンプリメントしながら子どもを観察し、ノートに記録していきます。コンプリメントトレーニングでは、この記録から子どもの状態を知り、トレーニングノートを添削しコメントを入れていきます。記録は大切です。記憶は消えていきますが、記録は消えないのです。

二回目の育児手帳、育て直しの記録です。子どもの育ち直しは一進一退です。

トレーニングノートには、子どもにかけたコンプリメントと、子どもの良い変化のみ記録します。「いつもと異なった良いこと」として育児手帳に書き込んでおくのです。そして、これをコンプリメントの一つとします。「いつもと異なった良いこと」を親が愛情をもって承認するのです。とても効果のある質の高いコンプリメントとなります。

ノートに悪いことは書かないようにします。悪いことを書くと、どうしても子どもを悪いイメージでとらえてしまいます。良いことを書けば、子どもを良いイメージで見るようになりますから、子どもの「良さ」も見つけやすくなります。コンプリメントトレーニングでは、その日のコンプリメントで考えたこと、気付いたことを大切にしていきます。これが子育ての力になります。

親子の信頼関係の再構築

人は、信頼している人からしか学べないのです。信頼関係がなければ、子どもの心のコップに自信の水を入れることはできません。ですから、まずはコンプリメントで子どもの心を開き、親子の信頼関係をつくります。信頼関係は、子どもが親へ心を開くことでつくられます。幼い子どもであれば心を開くのは早いでしょう。ひどく心を閉じて身体症状が出ていたり、親を思い通りに操作していて、親を自分よりも下に見ていたりする子どもには、コンプリメントは雑音にしか聞こえません。子どもが親を信頼に値する人として認めれば、親子の信頼関係がつくられます。私はそれを「親がボス」になる関係と言っています。過干渉と過保護で、子どもを親の支配下に置いている場合は、子どもは心を開いているふりをして親に合わせています。心を開いているのではないのです。

何年もかかって信頼関係が崩れたまま育ってきている子どもなのです。コンプリメントを何年もかけてもらっていないのです。突然、コンプリメントをされても、子どもは戸惑います。信じられないのです。コンプリメントをかけたら、子どもがすぐに心を開くことはありません。

子どもを本気で救いたいなら、反応の悪さにへこたれないで数多くのコンプリメントを続けるのです。コンプリメントを頑《かたく》なに拒否していても、子どもは、ゆっくりと時間をかけて心を開いていきます。親のかけたコンプリメントが本物であれば、心を開きます。自信の水不足の子どもは、自信の水を求めているのです。ですから、すぐにはコンプリメントを受け入れなくても、続けていけば心は開いていきます。これを待てない親も多いのです。子どもを信じることは待つことです。

親の中には、子どもに気を遣って、言いたいことも言えず、何か言えば暴力をふるう子どもに恐れを抱いている親もいます。それでも子どもを救いたいのなら、ダメなことはダメと言える毅然とした親になることです。それができないと子どもは親を信頼できず、心を開くことはできません。かわいそうと思う親心が、子どもを苦しめます。子どもに気に入られようとする欲を捨てることです。

コンプリメントトレーニングのメール相談にも、毅然《きぜん》とした言動をとれなくて悩んでいる親の声が寄せられます。その相談にお答えしながら、育て直しはとても大変なことだと実感します。しかし、子を救うのであれば、できるできないではなく、本物のコンプリメントをしなければならないのです。

子どもが親を信頼する時

子どもが親を信頼すると、素直になり親に甘えることができるようになります。親のコンプリメントに笑顔が出て、よい反応もします。親に対して丁寧な言葉遣いが出るようになります。車で送って登校した時などに「ありがとう」と言うことも多いのです。親は、子どもに信頼されていることを実感します。

子どもから信頼されないと嘆き悲しむよりも、まずは一つの本物のコンプリメントをすることです。何年もかかってそのように育っているのです。いくらコンプリメントトレーニングをしても、一朝一夕に子どもの信頼は取り戻せません。そのように育った時間だけ、育て直しには時間がかかると、ドンと構えることです。

子どもがなかなか心を開かない時

子どもがなかなか心を開かない時は、コンプリメントがコンプリメントになっていないことも多いのです。トレーニングノートを見ていると、親の思いを入れ過ぎたり、過去のことや事実でないことをコンプリメントしたりしています。中学生や高校生に、いつまでも最初期のあまりに当たり前のことを繰り返しコンプリメントしていると、バカにされていると感じることもあります。子どもをよく観察し、コンプリメントの中味・言い方・言う時と場を工夫しながら続けるのです。勝手にコンプリメントの基本の文言を変える方も多いのですが、これはしてはなりません。基本に忠実にコンプリメントしていきます。

子どもも、どのように心を開いてよいのか戸惑っていることを忘れないでください。親から愛情をかけられた頃のことはすっかり忘れていますから、素直に甘えられません。少し心を開こうとして甘え、またコンプリメントが本物かを試してきます。甘えと試しの繰り返しが続くのです。この時期は、コンプリメントだけでなく、親子の会話を増やしていくことも必要です。子どもが心を開く手助けとなります。

小学校低学年までの子どもは、すぐにコンプリメントを受け入れ心を開いてきます。当然のことですが、学年が進むほど心を開くまでに時間がかかりますし、拒否も強いです。ある中学三年生のケースでは、この子どもはオンラインの電子ゲームに依存していて、心を開くまでに七か月もかかりました。電子機器に依存していると制限・禁止をしなければ依存を断ち切れません。

心を開くまでの過程をいい加減にしておくと、自信の水不足の状態が続きます。不登校でしたら長期化します。コンプリメントトレーニングの大切なポイントです。

POINT

「…の力がある」と言い切る

コンプリメントは、「…の力がある」と言い切らないといけません。親が自信をもって言わなければ、コンプリメントになりません。「…の力がある」は子どもの意志の力を育てます。何かに依存するのは、意志の力が弱いからです。たくさんの力があることに気付かせてあげれば意志の力は強くなっていきます。自信の水が溜まれば、意志の力も強くなります。自信のない親が、「…の力があるかもしれないね」と言えば、子どもは本当なのかと不安になります。自信の水にならないのです。前著にもあるように、「自信に満ちあふれた親」としてコンプリメントします。子どもは、不安な親よりも、自信に満ちあふれた親を信頼したいのです。こんなに簡単なことでありながら、親はこれができないのです。

コンプリメントの粘土で子どもをつくっていく

コンプリメントトレーニングは、美術の時間に粘土でつくる人体像のイメージです。粘土がコンプリメントです。針金でつくった骨格にコンプリメントの粘土をくっつけて、子どもをつくっていくのです。くっつける接着剤は「お母さんうれしい」と「…の力がある」の親の愛情と承認です。同じことばかりコンプリメントをしていっても、人体像はつくれません。針金の骨格がところどころむき出しの「いびつな子ども像」となります。順当な成長をしていない子ども像となります。

子どもが心を開き始めたら、この子はどのような「良さ」をもっているかを日々探していきます。観察するのです。「良さ」は目に見える良さだけではありません。心のやさしさなど、見ようとしなければ気付かないものもあります。目に見えない良さも大切なコンプリメントです。また、子どもの未来の可能性の種蒔き、子どもを支えるものの見方や考え方、行動の仕方も見つけてコンプリメントしていきます。これが質の高いコンプリメントです。子どもをつくる大切な粘土となるのです。

子どものもつ「良さ」とは子どもをつくる粘土

コンプリメントトレーニングでは、子どもの観察に慣れ、「できたこと」「したこと」をコンプリメントできるようになったら、それまで気付かせてあげられなかった子どものもつ良さ（リソース＝資源）を見つけてコンプリメントに入れていくようにしています。それが質の高いコンプリメントとなります。それは、子どものもつ「力」「能力」「心の良さ」「創造性」「好奇心」「向学心」「柔軟性」「勇敢さ」等です。

ポイントは、事実をシンプルに子どもに分かりやすくコンプリメントします。

例えば、子どもを観察して親が気付いた「心の良さ」でしたら、何が心の良さなのかを具体的に言わなければなりません。一、二文で具体的に言ってあげるのです。

「おばあちゃんの手を引いてあげるやさしい心があるね。お母さんうれしい」

などの言い方も一例です。

できるだけ分かりやすく、そして繰り返してインプットするのです。これが子どもをつくる粘土の一つひとつになるのです。

いろいろな力を繰り返しインプットすれば、そのコンプリメントが熟成してアウトプットします。つまりインプットした力を生活の中で発揮できるようになります。気付いていなかった力、それに気付き発揮できるようになります。おばあさんの手を引くだけでなく、いろいろなところでやさしさを発揮するようになるのです。それが「心の良さ」のアウトプットです。

子どもを支えるたくさんの柱を立てる

自信の水不足の予兆や身体症状は、順当な成長を妨げられているサインです。このサインは、子どもを「無理やり親の思い通りになる子」に育てようとする時にも出ます。これは、親の都合に合わせた子育て、親の価値観に左右される子育てなのです。

例えば、学校の成績が良い子を育てること、それのみが子育てと思い込んでしまっている親がいるとします。学業で良い成績をあげること、それはそれで価値があることですし大切です。しかし、それのみをコンプリメントするのは、子育てとは言えません。もし、子どもを支える柱がテストの成績のみであれば、その成績が伸びなければ子どもを支える柱は折れてしまいます。親の期待に応えられない子になります。子どもはたくさんの可能性を秘めていますが、学校の成績のみを柱としてしまうと、他の柱を育てることを見失います。入試等の不合格で柱が折れてしまうと、簡単に挫折してしまいます。学校生活での人間関係等のストレスを解決する力も育ちません。社会に出ると学校の成績以外の力も求められます。その柱が育っていなければ仕事も耐えられなくて、就職後すぐに離職することもあるのです。

子どもを支える柱となるのは、子ども自身が「私のここはすごい」とか「よい」と思えるものもあります。それをコンプリメントすれば、事実を認められたと納得し、自分を支える柱とするのです。これも質の高いコンプリメントです。

- 「走るのが速い」「英語力がある」などの、具体的に何かができるという能力も柱になります。
- 「乗り越える力」「続ける力」などは、具体的にしていることをコンプリメントすると柱になります。
- 「笑顔が素敵」などの魅力も、柱になります。

●「親にとって自分はかけがえのない存在」「人から愛されている」などの、「存在」をコンプリメントすると柱となります。

大切なのは、「子どもに笑顔が出るコンプリメント」でなければなりません。少しでも笑顔が出れば、事実を認められたと子どもが納得しているのです。少しでも笑顔の出るものを繰り返し繰り返し、いろいろな場面でコンプリメントし、インプットしていくのです。これで子どもを支える柱が立てられます。

粘土像の子どもの魂は、この世に誕生した存在感や道徳心

●〇〇は、ママの宝物だよ。ママのところに生まれてきてくれてありがとう。ママうれしい。
●〇〇は、この世に必要とされて生まれてきたのだよ。
●〇〇は、人様の役に立つ子どもになるように、神様仏様から、お母さんに渡された子どもだよ。

●○○が生まれた時はママもパパも大喜びしたよ。今でも同じ気持ちだよ。

このように子どもの存在をコンプリメントしていきます。人様のために生きることのできる人に育ってほしい、神仏からこの世に命をいただいた、この世に果たす役割がある等のことをインプット（繰り返し伝える）してほしいのです。子どもは、この世に必要とされて生まれてきたのです。そのことをしっかりとインプットしてあげたいのです。

また、道徳心のインプットも大切です。私の好きな言葉に会津藩の什《じゅう》の掟《おきて》があります。道徳心の基本と考えています。

一、嘘《うそ》言を言ふことはなりませぬ
一、卑怯《ひきょう》な振舞をしてはなりませぬ
一、弱い者をいぢめてはなりませぬ
ならぬことはならぬものです

右は、わずか四行の言葉ですが、道徳心としてインプットしてあげたいのです。これを間違うと、いくら社会で活躍していたとしても全てを失うことにつながります。

これらは、粘土像の子どもの魂となります。魂のコンプリメントをしていくと、子どもの中には、「お母さん、私を産んでくれてありがとう」との言葉や手紙を書く子も出てきています。親に対してとても丁寧になり、感謝の言葉を述べる高校生もいるのです。

このような存在感や道徳心を語り合うことは、普通の生活の中ではなかなかできないでしょう。ところが、コンプリメントでしたら、さらりとできるのです。

コンプリメントで親の思うように子どもを動かすことはできない

子どもを自分の思い通りに動かそうとして欲を出さないことです。欲を出さなくても、自信の水が心のコップに溜まれば子どもはもっている様々な力を発揮します。コンプリメントは子どもを動かすために使うのではありません。あくまで、子どもが動く時の燃料なのです。どのように動くかは、子どもが決めるのです。

コンプリメントトレーニングで「勉強させるコンプリメントはありますか？」と相談を受けますが、子どもを親の思い通りに動かすためにコンプリメントしているのではありません。コンプリメントは、子どもが自ら動くための燃料。勉強は習慣です。親が諭すことです。まずは親が一緒に勉強についてあげるのも、勉強の習慣のない子には効果がありま す。言葉で勉強させないで、一緒に勉強すればよいのです。コンプリメントしていても習慣は習慣、躾は躾としてしなくてはなりません。コンプリメントトレーニングでは、躾に迷う親からの相談メールも多いのです。子どもは自信の水が溜まれば勉強を始めます。自信の水を溜めないで動かそうとしているところに親の欲が働いています。この欲が子どもの自信の水を減らし勉強への意欲を失わせています。子どもが心を開くまでは、コンプリメントで自信の水を増やすことに集中することです。「急がば回れ」です。後から振り返ると、コンプリメントに集中するほうが、勉強もするのです。

Comment 20

トレーニング後の子どもの変化で一番驚いているのは、勉強する力がついたこと

中三の子どもです。最近子どもたちの口から、よく「力」を使う言葉が出てくるようになったと感じています。アウトプットしているのです。

トレーニング前とトレーニング後の子どもの変化で一番驚いているのは、勉強する力がつ

いたことです。子どもは不登校になる前、勉強そっちのけでサッカーばかりに打ち込んでいました。勉強の成績は標準くらい。それが不登校になり、一旦ガクッと下がりました。しかし学校タイムや、電子機器の制限、基本的な生活習慣などの躾、親子の共同行為により、子どもはいつの間にか自分で計画して勉強する力を身につけました。

今では、県内トップクラスの高校を目指せるまでになり、担任の先生は、「中一からは想像もできないくらいの成績だ」と驚いていました。

勉強が全く手につかない頃は一緒に勉強をしたりして、少しでもできたことをコンプリメントし、共感していきました。「勉強しなさい」と言ったことは一度もないのです。スポーツに打ち込んでいた力を、勉強にも注いでいるのでしょうか。全く別人に生まれ変わったかのように思う時もあります。ますます元気で活動的になっていく子どもを見ていて、幸せをかみ締めしめています。

子どもの心のコップを育てる自己決定

身体症状の出ている子どもは、体験不足が多いように感じます。体験不足のために心のコップが小さいのです。コップを大きく育てるには、子どもに任せることを増やすことです。自分で考え体験しなければ心のコップは育ちません。体験は、自分で決めて実行すると経験となります。この経験の積み重ねが、心のコップを育てます。

体験の結果が良いに越したことはありませんが、結果の良し悪しではなく、取り組んだ過程をコンプリメントします。身体症状の出ている子どもの親は、過干渉と過保護になっている場合があります。子どもに任せればよいことを先々手助けしてしまうのです。手出し口出しです。こうなると子どもは考えることさえしなくなります。過干渉と過保護を子どもが誕生してから今日まで続けているのです。子どもの心が大きく強く育たないのもお分かりでしょう。

子どもに任せてよいものは、体験の場と考えることです。コンプリメントトレーニングでは、この体験を自己決定としてトレーニングノートに書き入れています。

いきなり子どもに任せてしまうのは、子どもも親もたいへんでしょうから、少しずつ任せていくのです。ただし、任せていけないこともあります。繰り返しますが、任せてよいものは、失敗しても成功してもどちらでも大丈夫なものだけです。そして、過程をコンプリメントすることを忘れないことです。

「登校する、しない」を任せてはなりません。登校はしなくてはならないことです。それを子どもに任せることはできないのです。ですから、コンプリメントトレーニングでは、「学校に行くか、行かないか」とは尋ねません。

コンプリメントトレーニングでは、「今日、学校どうする?」と尋ねます。「行くか行かないか」と尋ねれば答えは、イエスかノーです。このような二者択一の答えしかできませんし、子どもが学校に行かないと決めることはできないのです。

「学校どうする?」と尋ねた時は、「登校しなければならないが、登校はできない」と考えないといけないのです。もし子どもが「学校へ行かない」と答えても、「登校はしなければならないけれど、今日は登校できないのだね」と考え方を教えていきます。

このようなものの見方、考え方が子どもの価値観を形成していくことにつながります。「行かない」のではなく、「行かないといけないが行けない」、この二つの言葉には大きな違いがあります。「子どもが決められないこともある」ことを教えていくのです。

ストレスやプレッシャーも心のコップを育てるチャンス

心のコップを育てるのは、体験だけではありません。ストレスやプレッシャーも心のコップを育てます。過干渉と過保護の親は、このストレスやプレッシャーを取り除こうとします。ストレスやプレッシャーのない社会なんてこの世に存在しません。社会のストレスやプレッシャーを取り除くことはできないことなのです。

このような親は、学校生活で何かあれば、すぐに子どもに同調してしまって大騒ぎをします。確かに、いじめ等の自分で解決できないようなことは、学校にすぐ連絡して子どもを守らないといけません。

いじめでなければ、子どもがいろいろとストレスやプレッシャーになっていることを訴えてきても、「大変だね。うんうん、大変だね」と話を聞いてあげるのです。「大変だね」は共感する言葉です。なんとかしてほしいと言ってきても、子どもと同じように騒がないことです。騒ぐと子どもの不安を二倍にしてしまいます。よく話を聞いてあげて「大変だね」と共感するのです。これ以上の言葉を使うと同調になってしまいます。つけ足すとすれば、子どもの話の内容にもよりますが、「あんたには乗り越える力があるよ。お母さんが守ってあげるからね」です。

POINT

いじめにあってしまったら

学校によっては、親からのいじめの相談に迅速に対応するところとしないところがあります。特に高校は義務教育ではありませんから、小中学校のようには対応してくれないのが現状です。ですから、学校だけでなく、警察や関係機関に相談することです。自殺も考えられるほどのいじめです。そのことを伝えて協力をお願いします。地元警察の生活安全課はとても親切に対応してくれます。

また、子どもにはしっかりと共感し、「あんたを絶対に守るからね」の一言は繰り返し伝えます。親が守るのです。子を守るためには親は蛇にも鬼にもなります。

コンプリメントでしっかりと自信の水を溜めてあげると、いじめは乗り越えることができます。時間はかかりますが、子どもをいじめられない子に育てるには、子どもの心のコップを自信の水で満たすことです。

いじめは子どもの力では解決しません。気付いたらすぐ学校、同時に多方面に相談をしましょう。

- **地元警察の生活安全課**
- **都道府県警察の少年相談窓口**
- **児童相談所　全国共通ダイヤル**（年中無休、24時間）**189**

●24時間子供SOSダイヤル（年中無休、24時間）0120・0・78310
●チャイルドライン（月～土曜日の　午後4～9時　18歳まで）0120・99・7777
●子どもの人権110番（平日午前8時30分～午後5時15分）0120・007・110

子どもは乗り越える力をもっている

子どもは自分でストレスやプレッシャーを乗り越える力をもっています。これまでは、その力を親が使わせなかったのです。しばらく様子を見ていて、「あのことはどうなった？」と子どもに尋ねると、ほとんどの場合は自分で解決できています。自分で解決できていなければもう一度話を聞いて、どのようにすればよいかを子どもと考えていくのです。親が見捨てていないことを示さなければなりません。解決できていたら「自分の力で解決したね。解決する力をもっているよ」とコンプリメントします。

「どうしたら解決すると思うか」と子どもに解決策を尋ねてみることもできます。案外子どもはよい解決策を出してきます。「あんたは解決する力をもっている」とコンプリメントするのです。ストレスやプレッシャーを乗り越えることも体験です。心のコップが育っていくチャンスなのです。

心のコップを大きく強く育てるには三年かかる

不登校でしたら、再登校した後一年間は不登校と同じです。一進一退は、普通なことです。子どもの成長は、階段を登るようにはいきません。一進一退、一進十退もあるのです。再登校したから、身体症状が消えたからとコンプリメントを減らすと、再び自信の水不足の前兆が出ます。三年間は続けるとしっかり身につきます。

未来の可能性の種蒔き

前著にも書いてありますが、私は幼い頃から母親に「あんたは大器晩成だね。勉強のできない子の気持ちが分かるだろう。よい先生になるよ。小学校の先生になりなさい」と点数の悪い算数のテストを見せるたびに言われていました。はっきりと今でも覚えているのです。

普通ならば、「こんな点数なんかで先生になんてなれるわけはない。もっと勉強しなさい」と言われるところです。ところが、私の母親は勉強の点数で私を叱ることは一度もありませんでした。就職を考えないといけなくなった時、母親の「よい先生になる」の言葉を思い出しました。中学と高校の英語の免許しかもっていなかったのですが、教員採用試験では小学校の先生を希望し、講師で採用されました。通信教育で小学校の免許を取得し、翌年に小学校教諭で正式採用されました。それから三十年の小学校教師です。自分でも「指導力のある先生だった」と退職した今でも思うのです。私の母親も、この子は算数のテストの点はよくないが、どこか先生に向いているような気がしたのだと思います。それをインプットしてくれたのでしょう。この一言が未来の可能性の種となるのです。種はたくさん蒔いてあげればよいのです。明日発芽する種、十年後、二十年後に発芽する種かもしれません。何事も否定しないで種蒔きにすればよいのです。私の母親が算数のテストの点数にこだわり、子どもを否定する親だったら、私は先生にもなっていませんし、この本も書いていません。当然、コンプリメントトレーニングも存在しないのです。

Comment 21

「名前を松本器用にすればよかった」の母の一言が自信に

僕は絵を描く仕事をしています。人生において「意味がない」とか「もうだめだ」などと思った時、「でも僕には絵があるじゃないか」という一言で毎回立ちあがることができるのです。僕の「絵」というアイデンティティは、十八歳で上京し、自分一人の力で獲得したものだと今までずっと思っていたのですが、先生の本を読んでそうではなかったことに気付きました。

僕は小学生の夏休みの宿題で、アイスの棒を使い帆船をつくりました。それが校内で金賞になりました。それを家の玄関に飾りました。その時のことを今でもはっきりと覚えています。母が「あんた器用やねー、あんたの名前、松本器用にすればよかった」と言ったのです。名前が「器用」って…と子どもながらに苦笑いした記憶があります。その場面を今でもありありと覚えているのです。うれしかったのでしょうね。「心のコップに自信の水」がなみなみと注がれました。

ああ、僕はこういったものをコツコツ仕上げていくのが得意なのだ。そう刷り込まれました。学校で図画工作・美術が大好きになりました。絵で生活しようと思った時、「僕ならできる」とよく分からない自信がありました。絵で行き詰まった時も「僕ならできる」と根拠不明の自信で頑張れました。それは僕の生まれながらの性格だとずっと思っていましたが、違いましたね。

あの母の一言です。あの母の一言が僕の自信の源です。その後、自信の水を得る機会があるごとに母の言葉を「正しかった」と確認し、いつしか確信に変わりました。それが「僕ならできる」という「自信」の正体だったのだと思います。

未来の可能性の種は、子どもの心に残るような言葉がけとともに蒔くことです。私であれば「テストの点数が悪くてもよい先生になるよ」、右の松本さんなら「器用という名前でしょうか。子どもの心にストンと落ちるような言葉とともに種蒔きをしてください。私のように、繰り返しインプットする方法もあります。

「あんたは総理大臣になるよ」と未来の可能性の種蒔きをすると、コンプリメントキッズから総理大臣が誕生するかもしれません。文部科学大臣になって、コンプリメントトレーニングを広げる力になってくれると私はうれしいのですが。

第4章

今後の課題と私のプラン

子どもの心を自信の水で満たす子育てへチェンジ

プラン❶ コンプリメントで育った子が、子育ての負の連鎖を断ち切る

子どもが誕生すると、どのような子育てがよいのか様々な育児書を読みます。「なるほど」と思っていても、保育所に入り、小学校に入学していく頃には、すっかり忘れてしまっています。実際に続けられるものは少なく、いつの間にか自分流になっています。子育ては、良し悪しにかかわらず自分が受けた子育てを用います。上手に子育てしている方は、何か特別な子育てを学んでいるのではなく、自分が育てられた経験に基づいているのです。

前著『不登校は1日3分の働きかけで99%解決する』に社会的にも立派なお仕事をされている方のお母さんの話があります。お母さんは「どのような子育てをされてきましたか?」と尋ねられても「皆さんと同じですよ」としか答えられないのです。心のコップを育て、自信の水をたっぷりと溜《た》めてあげられる子育てをしていても、それを意識していないのです。自分が受けた子育てをしているだけなのです。子育ては代々受け継がれていくのです。

この本を読み終えてコンプリメントで子育てしていけば、子どもの順当な成長を育むことができるようになります。子どものもつ能力を発揮させてあげられるのです。そして、コンプリメントで育った子どもはまた、コンプリメントで子育てをしていくのです。

コンプリメントで子どもの心に自信の水を入れてあげられる子育てをすれば、負の連鎖は切れるのです。能力をもちながらそれを発揮できないほど悲しいことはありません。自信の水を心に満たしてあげられれば、子どものもつ能力が発揮できるのです。

プラン❷　何歳からでもコンプリメントで子育てできる

私の願いは、子どもがお母さんのお腹にいる時から、コンプリメントをかけてもらいたいのです。お腹にいる子どもへ毎日、「お母さんうれしい」「生まれるのを待っているよ」とコンプリメントするのです。子どもはお腹の中でコンプリメントを聞くのです。

すでに、お腹の中にいる時からコンプリメントをかけた子どもさんが誕生し、二歳の誕生日を迎えています。お父さんとお母さんが、毎日シャワーのようにコンプリメントをかけています。「お父さんとお母さんのところに生まれてきてくれてうれしい」「○○する力があるね」とコンプリメントをしているのです。よく子どもを観察して、一つひとつの成長をコンプリメントしていくのです。子どもの心は誕生した時から、いや、誕生前から自信の水で満たされているのです。どのように育っていくか楽しみです。

身体症状が出ている子どもでさえ、心のコップを愛情と承認の自信の水で満たせば変化していくのです。コンプリメントすれば何歳でも、もっている力が発揮できるようになるのです。お母さんのお腹にいる時からコンプリメントをかけられていれば、心のコップも大きく強く育ち、たくさんの自信の水に満たされます。そして、人様のために役立つ仕事をしなさいと価値のインプットをしていくのです。もっている様々な力を発揮できる子、何事にも果敢に挑戦する子、失敗しても失敗をポジティブに乗り越えられる子、そのような子どもに育っていくのです。

コンプリメントで子育てすれば、身体症状も出ません。当然、不登校の心配もありません。このような子どもたちが全国にたくさん誕生していくのです。コンプリメントで育っていくので、相手のよさを見つけられるようになるのです。この子たちがこれからの社会をつくっていくのです。お母さんのお腹にいる時からコンプリメントを受けている子どもが、すでに何人も誕生しています。まだ幼いのですが、この子たちはよい意味で「何か違う」と周囲の人が言っています。

政治で国を変えることはとてつもなく時間がかかります。大人のものの見方、考え方、行動の仕方を変えることはなかなかできません。しかし、コンプリメントで育てられた子どもたちがつくる社会は、今とは大きく異なるでしょう。人のために生きることでリンクしているのです。その子たちのつくる社会です。私には想像もつかないことですが、とても楽しみなのです。

その子どもたちをお母さん方は育てているのです。素晴らしく価値のある仕事、子育てをしているのです。すでに、全国各地でコンプリメントキッズが育ってきています。明るい未来は、コンプリメントキッズを育てるお母さんに託されているのです。繰り返しますが、何歳からでもコンプリメントで子育てできます。

プラン❸　学校の先生の行うコンプリメント

コンプリメントトレーニングをしていると、親は学校との連携を求めてきます。ぜひ協力してあげてほしいのです。先生方のできることをまとめてみます。

不登校をはじめ、自信の水不足の身体症状は様々です。まずは、自信の水を入れてあげられる家庭環境、親子の関係を育てなければなりません。当然学校でも、子どもの心に自信の水を入れてほしいのです。担任の先生は、子どもをよく観察して、身体症状の予兆に気付くことです。いつもと異なった「おや?」と思ったことは、身体症状の予兆です。このような予兆に気付いたら、コンプリメントを意図的にしていかなくてはなりません。「お母さん」を「先生」に置き換えて、「先生うれしい」にします。「あなたの顔を見られて、先生うれしい」「あなたの声が聞けて、先生うれしい」とさらりと言うのです。ポイントは、一日三つ言うことです。

また、子どもの「良さ」(リソース=資源)に気付いたら「…の力がある」や「やさしい心がある」を使います。先生のコンプリメントは大きな力をもっています。

欠席した子どもを家庭訪問する時も、「…に会えて、先生うれしい」を繰り返すのです。こうして先生との人間関係ができていきます。予兆の出る前にコンプリメントすれば、不登校の予防にもなります。

予兆の出ている子どもの親には、自信の水不足の話をしておくのも大切です。先生から「一緒に子どもさんの心のコップに自信の水を入れてあげましょう」とお伝えすれば、先生と親との信頼関係も強くなります。

先生が、学校での子どもの様子でコンプリメントできるようなことをお母さんにお伝えすることも効果的です。「こんなことが学校では見られます。ぜひ、褒めてあげてください」と伝えます。子どもの「良さ」を親に伝えて、親がコンプリメントのできるように配慮することは、親の子育ての力を育てているのです。

プラン❹　不登校支援と子育て支援の通信添削教育

◆不登校の子どもたちへのコンプリメントトレーニング

コンプリメントトレーニングは、本書にまとめたように自信の水不足の身体症状、特に再登校させられる親になるための支援です。

個々の子どもが異なるように、不登校の子どもを再登校へと導いたり、身体症状を軽減したりするには、個別の対応が必要です。子どもの心のコップに自信の水を満たせばよいのですが、それまでの親子の信頼関係の構築に工夫と時間がかかります。コンプリメントのできる家庭環境をつくり、子ども自らが自分の心のコップに自信の水を入れられるまでに育てていかなくてはなりません。コンプリメントトレーニングは、それができる親となるためのスタートなのです。どのように子どもにコンプリメントし、どのように子どもに対応していけばよいのかを、親自身をトレーニングしていくのです。コンプリメントで子育てする勘を培うのです。不登校は人生の通過点に過ぎません。再登校だけが目的ではなく、子どもが自らの人生を切り開いていける力を育てていくことが、トレーニングの目標です。

◆子育てのコンプリメントトレーニング

「子育てのコンプリメントトレーニング」は、本物のコンプリメントで子どもの心のコップを自信の水で満たし、子どもを順当な成長へ導ける親となるためのトレーニングです。つまり子育てのトレーニングです。順当な成長を始めると子どもたちは、もっている力を発揮していくのです。塾に行っている子であれば、成績も上がります。スポーツに取り組んでいる子なら、その技術が伸びていくでしょう。子どもの取り組む精神活動も含めて、全ての活動のエネルギーとなるのが自信の水なのです。この自信の水をつくるための本物のコンプリメントをできるようにすることが「子育てのコンプリメントトレーニング」の目的です。

本書を読んで不登校支援も子育て支援も、ご自分でできる方がたくさんいます。しかし、子どもにかけたコンプリメントが本物かどうか、客観視できればよいのですが、指摘されることで気付くことも多いのです。また、かけたコンプリメントを、第三者に見てもらえる安心感もあります。勉強にも学習塾があるように、子育てに「子育て塾」があってもよいと思うのです。「子育てのコンプリメントトレーニング」は、通信添削教育を通して全国各地、海外在住の方も受けられます。私は、「子育てのコンプリメントトレーニング」を全国に広げていきたいのです。「本物のコンプリメントのできる親」を育てるこの通信添削が、たくさんのコンプリメントキッズを育てていく近道だと考えています。

私には、これまでの五年間の「不登校支援のコンプリメントトレーニング」の実績があります。これと「子育てのコンプリメントトレーニング」で、多くの子どもたちがもっている力を発揮させてあげたいのです。力を発揮できないままにしていることは、あまりに悲しく、もったいないです。弘法大師の言葉に「一芸に秀でる者、これ国宝なり」とあります。一つでもよいのです。一人ひとりが一つの力をリンクさせれば、大きな力となります。その力が、人々が安心して生きていける社会をつくることにつながります。

プラン❺　不登校を解決した子への英語学習支援

不登校などの身体症状が出ていると、どうしても欠席が多くなり勉強の遅れが出てきます。コンプリメントで自信の水を溜めて学習意欲が高まると、遅れを取り戻すように努力していきます。不登校以前では考えられないような勉強をする子も出てきます。再登校後のお母さん方からの経過報告にも、子どもさんの勉強の様子が変わったことがよく書かれています。ほとんどの教科は、遅れを取り戻すことができるのですが、英語は中一の一学期に学んでいなければ、遅れを取り戻すことがとても難しいのです。英語は、数学などと異なり言語ですから、学んですぐに分かるものでなく、時間をかけなくてはなりません。一人で学ぶにはとても難しい教科です。

最も自分で勉強しにくい英語は、実は力がつく教科でもあるのです。海外の大学や大学院を出た経歴をもつスタッフと東京大学で学ぶスタッフが共同で運営する「江戸川英語研究所」は、ＤＶＤと添削指導による英語の指導方法を開発しました。このＤＶＤと添削指導は、中学で習う基礎英語を体系立て、小学校高学年から英語の力を伸ばすことができる内容になっています。誰でも効果的に習得できるようにしています。高校や中学の先生が利用できるほどの内容があります。

何か一つでも得意な教科をつくれば、自信の水となり登校への力となります。それが英語であれば、英語の時間が楽しみで登校していくことも考えられるのです。

「江戸川英語研究所」では、高校受験から大学受験まで指導しています。スタートは英語ですが、今後全教科対応していく計画です。「学力を伸ばすこと」とは、「その教科の体系を習得すること」であると考えている「江戸川英語研究所」。この指導方法では、その教科を特徴づける本質を体系立てて理解・暗記することができます。他の通信添削や学習塾、インターネットによる通信教育とは、一線を画す内容です。

プラン❻　コンプリメントの効果をよくする経絡《けいらく》治療とのコラボ研究

通信教育ではありませんが、自信の水不足の身体症状が出ている場合は、東洋医学とコンプリメントを組み合わせた取り組みも実証研究しています。リンパマッサージや本格的な経絡治療を組み合わせて、体をほぐしてコンプリメントの効きをよくしています。言葉で心をほぐすだけでなく、体をほぐしてリラックスさせてコンプリメントの効きをよくしていく方法です。神戸の鍼灸《しんきゅう》マッサージ「地蔵院」と共同研究しています。

エピローグ

「もし、子育ての時にコンプリメントトレーニングを知っていたらと残念でなりません。ですから、今子育てをしているお母さん方は、これを子育てに使ってほしいと心より思うのです。

私も教師でありながら、『子育てとは何か』…父親として、それが分かりませんでした。学業成績が一番と考えていました。自分の子にも恥ずかしくない成績をとってもらいたかったのです。随分と私の子どもは苦しんだと思います。コンプリメントトレーニングのお話を聞いて、あの時子どもにコンプリメントをかけることができる父親であったならどんなに幸せだったでしょうか。先生が話してくださったお話のように、子育てとは何かを知っている方はほとんどいないと思います。自分が子育てされたとおりに、子育てしていました。自分ができたことは自分の子どももできるだろうと背中を押し続けたように思います。私がこうして校長となれたのも、おそらく親からコンプリメントされていたのでしょう。ただ、私は親が褒めてくれたから勉強したように思います。教師になったのも親が喜んでくれるからでした。ですから、私の子どもも同じようにすると考えておりました。それが、子育てと思っていたのです。子どもの良さを気付かせてあげることはしていなかったように思います。コンプリメントトレーニングを知っていたら、私も子どもたちも今とは異なった人生を歩んでいたかもしれません。幸い、先生がお話しされたように、コンプリメントトレーニングはいつからでもできるとのことです。本日帰宅しましたら、子どもに電話して『あんたの声を聞けてお父さんうれしい』とコンプリメントしていこうと思います」

これは、ある教育委員会主催の子育て講演会のお礼の言葉です。

子育て法は、実は誰も知らないのです。教えてもくれません。私もずっと気になっていたところなのです。ですから、どうしても子育てについて書いてみたかったのです。親に必要なのは、子育ての理論でなく、実際にできる子育てでなくてはなりません。その子育て法がコンプリメントトレーニングです。このコンプリメントトレーニングで育った子どもたちが、社会で活躍する時期も近いのです。政治では変わらない日本の国も、お母さん方の子育てで変わっていきます。安心して子どもたちが暮らしていける日本をつくることができます。自分の子どもだけが優秀であっても、社会システムが不安定では、不安な暮らししかできません。子どもを幸せにするには、みんなが幸せにならないといけません。「情けは人の為《ため》ならず」です。皆さんが子どもをコンプリメントで育てるだけで、そのような社会はつくられます。コンプリメントキッズがリンクする日が来るのです。

実は、最初のコンプリメントトレーニングは、私の勤務していた短期大学での講義でした。

養護の先生を目指す学生に、このコンプリメントトレーニングを学んでほしかったのです。残念ながら、短期大学が閉校となり、この夢はかないませんでした。しかし、このことで本や通信教育を通じて、コンプリメントトレーニングを直接お母さん方にお教えすることができることとなりました。それができるのも利益を顧みず前著を出版し続けてくださっているリーブル出版・新本出版部長様と社長様のおかげです。心より感謝いたします。

今回は、四国の片田舎まで来て強く出版をすすめてくださった小学館の阿部活『小四教育技術』編集長のおかげで、これまでの五年間の実証研究をまとめることができました。この本は、トレーニングを受けられたお母さん方お父さん方の体験談があったからこそ、まとめることができたのです。ここに深く感謝いたします。

四十年前、実証研究者としての道を開いてくださった元高松短期大学教授・池内博先生にはたくさんの自信の水をいただきました。今あるのも先生のおかげです。心より感謝申し上げます。

この本が広く子育てに活用され、子どもたちや、そのご家族の笑顔の輪が、全国に広がっていくことをスタッフである「チーム森田」共々願ってやみません。

最後に、長年にわたり顧問として私たちを支えてくださった故宮崎医科大学学長・広島大学名誉教授・岡本直正先生のご霊前に本書を捧げます。

平成二十八年十二月　**森田直樹**

コンプリメントトレーニングの資料請求

「ＫＩＤＳカウンセリング寺子屋」
ホームページ：http://terakoya.sunnyday.jp/main.htm
ホームページの「初めての方へ」をクリックし、「コンプリメントトレーニング」を開いて資料請求してください。「不登校等身体症状のコンプリメントトレーニング」と「子育てのコンプリメントトレーニング」についての資料をお送りいたします。
また、コンプリメントトレーニングについての質問は、事務局（rgnjc297@ybb.ne.jpあるいはinfo@terakoya.sunnyday.jp）へ。携帯メールは機種によってはつながらないことがあります。その場合は、携帯電話等の設定変更をしてください。

英語のＤＶＤ通信添削教材

「江戸川英語研究所」
ホームページ：http://www.edogawa-ei.com
メール： info@edogawa-ei.com

鍼灸マッサージ・地蔵院

兵庫県神戸市灘区森後町（神戸六甲道）
078・846・1585

Profile

森田 直樹

昭和27年生まれ
香川県公立小学校から瀬戸内短期大学准教授を経て、香川大学教育学部附属坂出学園スクールカウンセラー、香川県公立小・中学校スクールカウンセラー、四国管区四国少年院篤志面接委員。鳴門教育大学大学院学校教育修了・香川大学大学院学校臨床心理修了・教育学修士。

事務所

KIDSカウンセリング寺子屋・森田臨床心理士事務所・
コンプリメントトレーニングシステム
香川県三豊市高瀬町上勝間2451-1
0875・72・3825
ホームページ　http://terakoya.sunnyday.jp/
メールアドレス　rgnjc297@ybb.ne.jp
info@terakoya.sunnyday.jp

コンプリメントで不登校は治り、子育ての悩みは解決する

子どもの心を育て自信の水で満たす、愛情と承認の言葉がけ

2016年12月6日　初版第1刷発行
2024年3月27日　第6刷発行

著者　森田 直樹

デザイン　ARENSKI（澤田 由起子、渡部 美和）
カバー写真　ⒸVGL/a.collectionRF/amanaimages　Ⓒpaladin12/PIXTA（ピクスタ）
校正　室田 弘
販売　根來 大策
宣伝　阿部 慶輔
制作　長島 顕治、浦城 朋子、望月 公栄
編集　阿部 活

発行人　北川 吉隆
発行所　株式会社小学館
〒101-8001　東京都千代田区一ツ橋2-3-1
編集 03-3230-5470　販売 03-5281-3555
印刷所　萩原印刷株式会社
製本所　株式会社若林製本工場

Printed in Japan

ISBN978-4-09-840175-8